アーサー王と円卓の騎士INDEX

アーサー王
アーサー王……………………… 18

「アーサー王派」の騎士
ガウェイン……………………… 24
アグラヴェイン………………… 26
ガレス…………………………… 28
ガヘリス………………………… 30
グリフレット…………………… 32
ケイ……………………………… 34
サグラモアー…………………… 36
ベディヴィア…………………… 38
モードレッド…………………… 40
ルーカン………………………… 42
ガレロン………………………… 44
ダゴネット……………………… 46
メリアガーント………………… 48
コンスタンティン……………… 50

「ランスロット派」の騎士
ランスロット…………………… 54
ボース…………………………… 56
ライオネル……………………… 58
エクター・ド・マリス………… 60
パロミデス……………………… 62
アリー…………………………… 64

そのほかの円卓の騎士

- エクター……………………68
- ペリノー王…………………70
- トリスタン…………………72
- マーハウス…………………74
- ラ・コート・マル・タイユ…76
- ディナダン…………………78
- ベイリン・ル・サヴァーシュ…80
- ガラハッド…………………82
- パーシヴァル………………84
- ラモラック…………………86
- ユーウェイン………………88
- アイアンサイド……………90
- アコーロン…………………92
- ペレアス……………………94
- ボードウィン………………96
- エピノグラス………………98

『アーサー王の死』以外の騎士

- ベルシラック………………102
- ロット王……………………104
- エヴァデアン………………106
- ランヴァル…………………108
- キルッフ……………………110

案内役のご紹介!!

読者のみなさんをアーサー王伝説の世界にご招待する、ふたりと1本の案内役をご紹介！

……というわけで、ワシの業績を疑っている性悪妖精どもや、そこにいる読者どもに、ワシの偉大さをきっちりと教え込んでやりたいと思うのじゃ。お前たちにも協力してもらうぞ。

それはかまいませんが……。
アーサー様、妖精たちはアーサー様の話すことを疑ってかかっているようですけれど、どうやって信じてもらうんです？

むろん、そこにも抜かりはない。
ヴィヴィアン、キャリバーン。ワシが話をしているそばにいて、ワシが言っていることがホラではないと説明するんじゃ。

あら、そんなことでいいのですか？
それなら喜んで協力させていただきます。ですけど、アーサー様が間違ったことを言ったら、しっかり指摘しますからね？

はぁ、ヴィヴィアン殿も人の良い……。
あまり安請け合いすると、あとで後悔することになりますぞ？

ワシはアーサー！
若い頃はそりゃあもう
すごい王だったんじゃぞ。
巨人やドラゴンや悪魔どもを
バッタバッタとなぎたおし、
戦争をすれば負け知らずじゃ。
世界中の騎士や王たちが
ワシの部下だったしのう
……ん、悪魔はなかったかの。
まあ小さい話じゃ！

アーサー王

幸福の島アヴァロンで悠々自適の隠居生活を楽しんでいる、妙に存在感のあるお年寄り。実はその正体は、かつてブリテン島を拠点にヨーロッパ全土を統治した偉大な王、アーサー王なのである。
だが最近ではアーサー王の実績を知る者も少なくなり、周囲からはほら吹き爺さんのような扱いを受けてしまっている。

「アーサー様は相変わらずお元気ですねえ。
ただ、元気なのはいいのですけど、
最近はお話の「盛り具合」が
ずいぶん激しくありませんか？
さすがに悪魔退治は
されたことなかったはずですけど……。」

ヴィヴィアン

　湖を通して人間界にあらわれることから、人間たちに「湖の乙女」と呼ばれている妖精族のひとり。アーサー王に聖剣エクスカリバーを渡したり、瀕死の重傷を負ったアーサー王を、幸福の島アヴァロンに連れてくるなど甲斐甲斐しく世話をしてきた。妖精なので昔のこともよく覚えている。

「「湖の乙女」や「剣の一族」と違い、
アーサー様は人間ですからな。
老いとともに記憶も曖昧になるものです。
やむを得ません、
アーサー様は間違いなく偉大な王だったのですから、
ここはひとつ気持ちよく話していただき、
自信を取り戻してもらいましょう。」

キャリバーン

　自分を引き抜いた使い手に特別な力を与える「選定の剣の一族」の1本。かつてアーサー王の愛剣として数々の戦いに参加したが、老齢（金属疲労）により第一線を退いて久しい。

　かつての使い手であるアーサー王の戦いを、もっともよく知る生き字引である。

……というわけで、前のページでの指示どおり、アーサー王の講義をサポートするふたりですが……?

さて、誰にも抜けない「石に刺さった剣」をワシだけが抜けた、つまりワシがこのブリテンの王だと証明されたワケじゃ。
ワシは手始めに、民を困らせておる巨人どものところに乗り込んでの……。

あら? アーサー様、ちょっと待ってください。
ブリテン王になったアーサー様の初陣は、たしかほかのブリテンの領主さんたちでしたよね。巨人ではなかったのでは。

義兄君のケイ卿の日記にもそのように書いてありますな。
アーサー様、そのようなことだから妖精たちにホラ吹き扱いされるのです。

ぐぬぬぬ……そうは言ってものう、あれから1000年以上もたっとるんじゃ。
誰とどの順番で戦ったかなど、細かいことは覚えておらんぞ!

まったく……アーサー様、覚えていないなら思い出せばよろしいでしょう。
なんのために我々がいるのです。そもそも私はアーサー様の初陣のときから一緒だったわけですし……。

ええ、わたくしも姉妹たちと一緒に、湖の向こうから、ずーっとアーサー様のご活躍を見守っていましたわ。
アーサー様の人生はしっかり覚えていますよ。

おお、そういえばそうじゃったな。
ならば、ワシはとにかく覚えておることを喋るゆえ、間違いがあればどんどん指摘するのじゃ。特別に許すぞい!

ホラでないことを証明するのではなく、ホラを吹かないよう止めるわけですな。
最初からそう命じればよいのです。
こんなナマクラ剣でよければ奉公させていただきますよ、アーサー様。

聴講者の皆様へ

講義をお聞きいただいている皆さん、アーサー様の「口が滑った」ときは我々がフォローしますので、われわれ3人の言っていることをよく聞いて、アーサー様の活躍ぶりを正しく理解されるようお願いいたしますよ。

まずは10ページから、アーサー様と、その腹心「円卓の騎士」の皆さんについて基本的なことをお話ししてまいります。

はじめに

　中世ヨーロッパ風の町並みに、魔法が飛び交い、剣士たちがモンスターと戦うファンタジー世界。その源流をたどってみれば、水源のひとつはこの「アーサー王伝説」にたどり着きます。

　聖剣エクスカリバーをその手に持ち、至高の王として悪しき者に立ち向かったアーサー王。そして、王の覇業を支えた天下無双の騎士団「円卓の騎士」。マンガやアニメ、小説、ゲームなどの世界で、アーサー王や円卓の騎士の名前を聞いたことがない人はいないはずです。
　ですがその知名度にくらべて、アーサー王伝説の中身は、日本人にそれほど知られているとはいえません。

　この「萌える！ アーサー王と円卓の騎士事典」は、ヨーロッパで、世界で、多くの人々を魅了した『アーサー王伝説』の魅力的なキャラクターと、彼らが織りなす物語を、より手軽に楽しんでもらうために作られた本です。
　前半のカラーページでアーサー王と円卓の騎士、後半のモノクロページではアーサー王伝説の物語や背景をわかりやすく解説。はじめてアーサー王伝説に触れる人が楽しみやすい内容に仕上げました。
　また、騎士たちのカラーイラストは、アーサー王伝説の決定版『アーサー王の死』における記述をベースに、すべて「女の子の騎士」としてイラスト化しました。アーサー王の下に集った騎士たちの新しい姿を楽しんでもらえれば幸いです。

　アーサー王伝説は、現在でも学者の研究対象になるほど、奥が深く幅広い物語です。しかし、この本を入り口として使えば、だれでもすんなりとアーサー王伝説の世界に飛び込むことができます。
　あなたもぜひ、この本から、アーサー王伝説を楽しんでください！

凡例と注意点

凡例
　本文内で特殊なカッコが使われている場合、以下のような意味を持ちます。
　・『　』……原典となっている資料の名前
　・《　》……原典を解説している書籍の名前

人物の名前について
　本書で紹介する円卓の騎士などの人物名は、イギリス文化の権威である井村君枝博士による『アーサー王の死』の翻訳本、《アーサー王物語》（筑摩書房）での表記を採用します。
　ただし、以下にあげる3名の人物については、井村君枝博士の訳とは異なる読みが一般的であるため、例外として異なる表記を採用します。
　・ランスロット（井村版では「ラーンスロット」）
　・トリスタン（井村版では「トリストラム」）
　・イゾルデ（井村版では「イゾード」）

ヨーロッパいち有名な国王
アーサー王はどんな王様?

しかし、あらたまって「自分のことを話す」と言われても、いったい何を話したらいいものやら。
いまひとつやりづらいのう。

事実をありのままにお話しすればいいと思いますよ？
むしろアーサー様、いつもはどんなふうにお話ししているのですか？

なんじゃ、いつもどおりでよいのか？　それなら簡単じゃ。
ワシはアーサー。地上におったころは世界一の王様で、世界一の騎士じゃった。愛剣エクスカリバーを持てば天下無双、百万の敵をワシひとりで蹴散らして……

……これは重症ですな、ヴィヴィアン殿。
なまじ本人が有能だっただけに始末が悪い。
どこまで本当でどこからホラ吹きなのか、きちんと区別せねばなりますまい。

アーサー王は、世界的な人気者

「アーサー王」とは、イギリスやフランスなどの伝説に登場する、架空の国王です。

彼は、正当な王だけが引き抜けるという**石に刺さった剣**を引き抜いて、まず「ブリテン島」の王となり、**円卓の騎士**と呼ばれる優れた騎士たちを率いて、キリスト教の聖なる遺物**「聖杯」**を発見したり、**全ヨーロッパを統一**するなどの偉業をなしとげました。

なんじゃなんじゃ！
ヴィヴィアンよ、ワシ、やっぱりすごいではないか！

はっはっは、さすがはワシ。
これだけ偉大な業績を残したんじゃから、有名になるのも当然よの。
そうじゃろう、キャリバーンよ。

たしかにアーサー様の業績は偉大なものですがね、ただ「偉大な業績を残した王」であればほかの伝説にもいらっしゃいますよ。
アーサー様が世界的な人気者になった理由は、それ以外にもあるのです。

キリスト教徒の理想の王様

　アーサー王の伝説が爆発的に広まった13〜14世紀のヨーロッパでは、人々の生活はキリスト教とともにありました。

　もともとアーサー王の伝説は、ブリテン島の自然宗教の影響が強かったのですが、物語の作者たちが、伝説をキリスト教的なものに書き換えた結果、アーサー王は……
- 異教徒を倒し、世界をキリスト教国にする
- キリスト教の聖なる遺物を手に入れる
- 強く、寛大で、慈悲深い

　という、理想的な英雄になったのです。

「円卓の騎士」というすばらしい方々が部下だったことも、人気のポイントでした。次のページでくわしくご紹介しますよ。

キャラも物語も多国籍

アーサー様の伝説は、世界中で作られておりました。今でいうイギリスやフランスやドイツなどですな。

ほう、ということは、「英語」や「フランス語」や「ドイツ語」でワシの伝説が読めるのか。
どれも世界中で使われていた言葉ばかりではないか。
それは人気になるのも当然じゃな、がっはっは！

ほれみろ性悪妖精ども、やはりワシは人気者じゃったわい！
そういえば、ワシの家臣にしてほしいと懇願する騎士がひっきりなしじゃったのを思い出したわい。
いやー人気者は辛いの〜！

次のページでは、アーサー王の部下「円卓の騎士」を紹介!!

アーサー王の騎士
円卓の騎士 はどんな騎士団?

『アーサー王伝説』のすごいところは、人気者がアーサー様ひとりだけではなく、たくさんいることだと思います。まるでアイドルグループのようですね♪ アーサー様と一緒に伝説の人気を支えているのは、アーサー様の部下「円卓の騎士」の皆様です!

画期的な「円卓」システム!

「円卓の騎士」の理念は、「すべての騎士は王の下に平等」であることです。騎士というのは領地の大きさや過去の実績によって、身分の上下があるのが普通でしたが、アーサー様は「円卓」を導入してそれを変えたのです。

従来の四角いテーブルだと……

上座 ↕ 下座 **身分の上下**が生まれてしまう

円卓を使うと……

上座も下座もないので **みんなが平等**に!

左上のように、王と騎士が四角いテーブルに着席すると、座る位置によって身分の差が生まれてしまいます。着席するテーブルを円形にすることで、座っている者はみな平等、だとアピールしているのですな。

おお、そうじゃそうじゃ、思い出したぞ。騎士たちがしょっちゅう「俺が偉い」「俺のほうが偉い」と喧嘩するのが馬鹿馬鹿しくての。ワシの家臣なら貧乏騎士も大領主もみんな平等にするために円卓を導入したんじゃ。

「円卓の騎士」が人気者になったわけ

中世ヨーロッパの騎士、貴族、婦人たちにとって、円卓の騎士たちは現代で言うアイドルのようなあこがれの存在でした。その理由はいくつかあります。

騎士の理想を体現している

円卓の騎士は、同時代の騎士や貴婦人から見て、以下のように理想的な美徳を備えた、あこがれの存在でした。

円卓の騎士たちはみな勇敢であり、臆病者と呼ばれるような不名誉を避けようとします。戦えば一騎当千で、名のある騎士でなければ対抗できません。

騎士たちは王に忠誠を誓う一方、貴婦人との愛をはぐくみ、命がけで守ろうとします。つまるところ、彼らはヒーローなのです。

皆が物語の主人公!

「アーサー王伝説」のなかには、アーサー王だけでなく、その部下である円卓の騎士を主人公とした短編物語、長編物語が無数に存在しています。彼らは伝説の王の部下であると同時に、魅力的な主人公でもあるのです。

このような具合でして、現実世界の騎士たちは「自分も円卓の騎士のように、武勲をあげて美しい貴婦人の愛を受けたい!」と思い、貴婦人たちは、騎士と貴婦人のロマンチックな恋愛に魅了されたのです。

ま、たしかにあやつらはモテておったの。
なんといってもワシの家臣じゃからな、ワッハッハ!

もう、アーサー様ってば調子に乗りすぎです。
その騎士たちに裏切られたから、アーサー様はここにいらっしゃるのですよ?

アーサー様と円卓の騎士とはどんな方なのか、これでなんとか基本は説明できだでしょうか? 次はアーサー様の伝説が、どんなお話だったのかをみなさんに知っていただきましょう。

次のページでは、「アーサー王伝説」のあらすじを紹介!!

『アーサー王伝説』は、だいたいどんなお話?

実はアーサー様や円卓の騎士のみなさんが活躍する物語は、世界に何百種類もあります。今回はそのなかで一番よくまとまっていて、「アーサー王伝説といえばコレ!」と太鼓判を押されている作品を選びました。『アーサー王の死』という作品です。

① アーサー王の即位と欧州統一

ブリテン王ユーサーの息子という血筋を隠して育てられた少年アーサーは、石に刺さった剣を引き抜いて王となり、やがて全ヨーロッパを征服します。

主要キャラクター
- アーサー王（➡p18）
- エクター（➡p68）
- ペリノー王（➡p70）

② 円卓の騎士の冒険とロマンス

全ヨーロッパ統一後はアーサー王の部下である円卓の騎士たちが主人公となり、危険な冒険、貴婦人とのロマンスが繰り広げられます。

主要キャラクター
- ランスロット（➡p54）
- トリスタン（➡p72）
- ユーウェイン（➡p88）

③ 聖杯探索

キリストの血を受けたという聖遺物「聖杯」を再発見するため、円卓の騎士が世界中に散らばって、壮大な冒険を繰り広げます。

主要キャラクター
- ガラハッド（➡p82）
- パーシヴァル（➡p84）
- ボース（➡p56）

④ アーサー王の死

王妃と騎士の不倫が、円卓の騎士を二分する内戦に発展。さらなる反乱も発生し、戦いのなかでアーサー王は致命傷を負ってしまいます。

主要キャラクター
- アーサー王（➡p18）
- ランスロット（➡p54）
- モードレッド（➡p40）

アーサー様の伝説にはいくつもの種類があり、物語ごとに設定がかなり違っております。この本では、アーサー様や円卓の騎士紹介の内容は、すべてこの『アーサー王の死』での設定や活躍に準拠します。その点をご留意いただきたく思いますぞ。

この本の読み方

それではアーサー様、まずは天に召された円卓の騎士の皆様をご紹介ください。それぞれの騎士様のプロフィールを紹介するために、こんなデータを用意してみましたよ。

～データ欄の見方～

騎士の名前

データ欄
- **欧文表記**…名前のアルファベット表記
- **別表記**……日本語に訳した名前の別綴り
- **異名**………騎士の二つ名
- **本名**………「騎士の名前」があだ名などである場合、本名を表記
- **出典**………『アーサー王の死』に登場しない騎士が、登場する出典作品
- **初出**………『アーサー王の死』で、その騎士の名前がはじめて登場するところ

活躍エピソード

『アーサー王の死』の物語は、14ページで紹介した4つの部分に分かれます。ここでは、紹介している騎士が、『アーサー王の死』のどの部分で活躍しているかを、活躍した部分を強調表示することで示しています。

ほう、これはわかりやすいのう。
右側の旗を見れば、騎士たちが古参か新鋭か、どこで活躍したのかがひと目でわかるというわけじゃな。

ご明察です、アーサー様。
それから、騎士の名前は翻訳の仕方次第で大きく変わりますので、データ欄の「別表記」のところにもご注意いただきたいですな。

88ページで紹介する**ユーウェイン**様なんて、別の訳し方をすると**イヴァン**という名前になって、とても同じ騎士様には見えませんから……。名前をまちがえて、部下のみなさんをがっかりさせないようにしてくださいね？

17ページから、「円卓の騎士」の紹介をスタート！

萌える！ アーサー王と円卓の騎士事典　目次

アーサー王と円卓の騎士INDEX……2

キャラクター紹介……6

はじめに……9

ヨーロッパいち有名な国王
アーサー王はどんな王様？……10

この本の読み方……15

アーサー王……17

「アーサー王派」の騎士……21

「ランスロット派」の騎士……53

そのほかの円卓の騎士……67

『アーサー王の死』以外の騎士……101

忘れないで！『アーサー王伝説』が描いた世界……113

アーサー王の世界　物語・人物の章
オギャァ！からアーメンまで「アーサー王」の人生……116

「円卓の騎士」の物語……126

知らなければ語れない！
「アーサー王伝説」の超！重要人物名鑑……140

「アーサー王の死」の円卓の騎士総覧……144

アーサー王の世界　歴史・文化の章
調べてみよう！『アーサー王伝説』のできるまで……148

アーサー王伝説聖地巡礼ツアー……156

もっとたくさん知りたい人へ！「アーサー王」必見作ガイド……162

Column

騎士物語のハテナ？その① 中世騎士道と宮廷恋愛（ミンネ）……20

その② 馬上槍試合……52

その③ 中世騎士社会の裁判……66

その④ キリスト教の「聖遺物」とアーサー王物語……100

その⑤ 『アーサー王の死』の武器……112

円卓の騎士の○○派って何のこと？……22

アーサー王
King Arthur

　「アーサー王伝説」の主人公は、そのタイトルのとおり、ブリテン島の伝説的な王であるアーサー王です。
　伝説の主役であり、多くの騎士を従える王の側面と、一流の武勇を身につけて戦場や冒険で活躍する騎士としての側面をあわせ持つ、魅力的な人物であるアーサー王のことを、もうすこしくわしく紹介していきましょう。

うむ、まずは後世の物語書きたちが、ワシのことをどのように描いておったのか見せてもらおう。まあ、諸手を挙げて大絶賛しておるに違いないがの！

アーサー王

ヨーロッパ最高の騎士物語の大主人公

欧文表記：Arthur　別表記：アルスル王など
異名：気高い征服王　初出：キャクストン版第1巻第3章

- アーサー王の即位と欧州統一
- 円卓の騎士の冒険とロマンス
- 聖杯探索
- アーサー王の死

部下にも民にも愛された偉大な王

　アーサー王は『アーサー王伝説』の主人公である。『アーサー王の死』では、ブリテン島の王となってから各地の王たちを屈服させ、「円卓の騎士」という強力な騎士たちを配下に集めて、その力で全ヨーロッパを統一した。偉大な王であると同時に優秀な騎士でもあり、戦場では一騎討ちをしかけて多くの大将を討ち取っている。また玉座を離れて冒険に出ることも多く、巨人退治などの武勲をあげた。

　アーサー王の外見については、作中ではほとんど描かれていない。一方で装備については豊富な描写がある。アーサー王の愛剣は作中を通して「エクスカリバー」と呼ばれている。ただしアーサーは最低でも2本以上の剣を「エクスカリバー」と呼んでいることに注意が必要だろう（➡p112）。愛槍は「ロン」という名前で、長く、幅広い切っ先を持つ業物である。さらに、聖母マリアの姿が描かれた盾ブライウェンをかまえ、頭にはドラゴンの像が彫刻された黄金の兜をかぶっている。胸当ても王にふさわしい立派なもので、一目でアーサー王と判別できるだろう。

　王としてのアーサーは情にあつく、法律で杓子定規に罪を裁くのではなく、これまでの貢献などを評価して極力罪を許そうとする。また、すぐれた騎士を見抜く眼力があり、取り立てた若者はみな優秀な騎士となった。総じてアーサー王は西洋社会の理想的な国王であり、だからこそ作中でも現実世界でも人気があったのだ。

『アーサー王の死』以外でのアーサー王

　本書では、アーサー王伝説の集大成とされる作品『アーサー王の死』で描かれた騎士たちの姿を紹介するが、アーサー王も騎士たちも、『アーサー王の死』以前の作品ではまったく別の姿、別の活躍を見せることがある。

　例えばアーサー王は、6世紀ごろのブリテン島に実在したとされる人物の武勲を伝説化する過程で生まれたキャラクターである。アーサーの原型となった人物は、単なる軍人であり、王ではなかった可能性が高いのだ。くわしくは148ページからの記事で、アーサー王の過去と向き合っていただきたい。

> 親父が「ユーサー・ペンドラゴン」だからと、ワシのことを「アーサー・ペンドラゴン」と呼ぶ者がおるが、間違っとるぞ。ペンドラゴンというのは親父の異名、二つ名であって、名字や家名ではないんじゃ。

騎士物語のハテナ？その⑪ 中世騎士道と宮廷恋愛

『アーサー王伝説』は騎士物語です。中世の騎士たちは、現代人とは大きく違う独特の価値観を持っておりました。そのギャップを埋めるため、皆様に騎士たちの「常識」をお教えしたいと思うわけです。

そんなわけで、ここからは各章の最後で、騎士たちの世界の常識をお知らせするページをご用意しました。題して「騎士物語のハテナ？」です。最初のテーマは「騎士道精神」ですよ！

騎士道とは？

騎士道とは、「騎士という身分にある者が従うべき行動規範」である。よく日本の武士道と比較されるが、武士道が自身の「意地と名誉」を重視するのに対し、騎士道は「正義と他人のために動く」という決定的な違いが見られる。

中世に騎士という身分が成立し、彼らが権力を持ちはじめると、騎士は騎士道に基づいた行動を求められた。それらのなかでも「弱者を助ける」「キリスト教への信仰を守る」「貴婦人への献身」は特に守るべきことだった。

人間はどうしても楽な方、悪い方へと流されがちで、騎士道を貫くのは簡単ではない。だからこそ、物語のなかの騎士たちが騎士道を貫き、不利な戦いへ飛び込んでいく姿は、中世の人々にとってまぶしく映ったのだろう。

騎士道の戒律から宮廷恋愛へ

騎士道独特の概念である「貴婦人への献身」は、多くの騎士道物語に主題として取り入れられ、やがて「騎士と貴婦人の恋愛」という形に昇華していった。「アーサー王伝説」では肉体的つながりをともなう不倫関係が多く登場するが、本来の「騎士と貴婦人の恋愛」は精神的つながりを重視しており、王妃や貴族の正妻が、若い騎士とおおっぴらに恋愛関係にある、ということが珍しくない。このような恋愛形態は「宮廷恋愛」（ドイツ語でミンネ）と呼ばれている。

宮廷恋愛では、騎士は貴婦人を崇拝して奉仕する。それに対して貴婦人の側は名誉で応えるのだ。武闘大会で優勝した騎士が、姫の手の甲に口づけを許されるという映画などでおなじみの場面は、典型的な「宮廷恋愛」の形態といえるだろう。

騎士の叙任。肩を剣で叩く儀式は古代ローマに起源を持つが、なぜ採用されたのかは不明。イギリスの画家、エドモンド・レイトン。

「アーサー王派」の騎士
Knights of Arthurian party

　この章に収録しているのは、『アーサー王の死』の最後の重要イベント「円卓内戦」において、ランスロットと敵対して彼を告発しようとしたり、その後の内戦においてアーサー王側について戦った騎士たちです。
　アーサー王の親族や最側近がそろっていますが、彼らは物語の都合上、しばしば悪役のように描かれてしまっています。

Illustrated by とんぷう

ガウェイン

円卓の騎士の〇〇派って何のこと?

さて皆の衆。「アーサー王派」と言われて驚いたじゃろう。
円卓の騎士はみんなワシの部下なのに、ワシ派とそれ以外派があるのか……とな。
身内の恥をさらすようじゃが、あるんじゃよ。

円卓内戦、ですな、アーサー様。
14ページでヴィヴィアン殿が話しておられましたが、アーサー様の王国は内戦で崩壊しました。そのときのチーム分けが「〇〇派」となっております。

円卓の騎士が分裂! 円卓内戦

　円卓内戦とは、アーサー王の部下である**円卓の騎士がふたつに分裂して争った内戦**です。

　内戦の発端となったのは、最強の円卓の騎士ランスロットでした。彼は**アーサー王の妃であるグィネヴィアと不倫**をしていたのです。王の跡継ぎを産む立場である王妃との肉体関係など、到底許されるものではありません。

　ランスロットとグィネヴィアの不倫関係は騎士モードレッド（→p40）らによって暴露され、王妃は火あぶりの刑にされることが決まったのですが、刑の執行前にランスロットが王妃を救出し、そのときに**非武装の騎士を多数殺害**してしまいました。この蛮行は被害者の親族を怒らせ、和解が不可能になった両勢力は内戦状態に突入したのです。

火刑台から王妃グィネヴィアを救出したランスロット。1908年の書籍《Tales of the Round table; based on the tales in the Book of romance》の挿絵より。

まー、正直あまり思い出したくない記憶じゃのう。
ランスロットのやつが反乱を起こしたときに、ワシではなくランスロットを守るために戦った騎士が、結構な人数おったわけじゃ。

キミは何派？
円卓の騎士派閥チェッカー

この本では、円卓の騎士の皆様を、内戦前後の立ち位置に応じて3種類に分類しています。騎士様がこのチャートの質問に答えると、ご自分がどの派閥に分類されるのかがわかるようにしてみましたわ♪

START!

- 王妃の不倫がバレたときどうしてましたか？
  - もう死んでいる／もう引退した → **そのほかの騎士**
  - 元気です → 内戦開始時生きていましたか？
    - ランスロットに殺された → **アーサー王派**
    - 生きてる → 内戦では誰に従いましたか？
      - 不明 → **そのほかの騎士**
      - アーサー王 → **アーサー王派**
      - ランスロット → **ランスロット派**

そのほかの騎士（→p67）
不倫の発覚時にもう現場を退いていた騎士や、物語に登場しない騎士はここに収録します。

アーサー王派（→p21）
ランスロットと戦った騎士、王妃に関与してランスロットに殺された騎士などです。

ランスロット派（→p53）
乗り気ではないランスロットを担いで、アーサー王に反旗を翻した騎士たちです。

午前中限定のスーパーパワー
ガウェイン

欧文表記：Gawain　別表記：ゴーヴァンなど
初出：キャクストン版第1巻第2章

- アーサー王の即位と欧州統一
- 円卓の騎士の冒険とロマンス
- 聖杯探索
- アーサー王の死

「アーサー王派」の騎士

粗暴だが力強いアーサーの甥

　アーサー王の親族であるガウェインは、物語の最初期に円卓に加わって、傑出した活躍を見せている。「夜明けから正午までのあいだは力が3倍になる」という特殊能力を持っていて、この能力を生かすため、アーサー王はガウェインが従軍する場合、かならず戦いを朝から始めた。ガウェインは能力を存分に発揮し、愛剣ガラティンをふるって数々の武勲をあげ、アーサー王の征服を大いに助けている。

　このようにガウェインはきわめて有力な騎士なのだが、『アーサー王の死』の作品中では、ガウェインは不当に低く評価されている。作中で多くの騎士が「ガウェインよりも強い」と書かれたり、物語の主役が強敵に挑む前に、その強敵に挑戦して返り討ちにされるなど、ほかの騎士の引き立て役として描写されている。性格面も劣悪に描写されており、兄弟たちと共謀して味方の騎士をおとしいれたり暗殺したり、仲間の騎士が恋焦がれている貴婦人を横取りしたりと、その描かれ方はまるで悪党のようである。

1903年に描かれたガウェインの挿絵。アメリカ人イラストレーター、ハワード・パイル画。

貶められたケルトの英雄

　アーサー王物語の集大成として広く知られている『アーサー王の死』の作者トマス・マロリーは、円卓の騎士のなかでもっとも有力なフランス出身の騎士、ランスロット（➡p54）びいきだったようだ。先行する多くのアーサー王伝説において、アーサー王妃グィネヴィアと不倫をするランスロットと、アーサー王の親族であるガウェインは対立する立ち位置にある。

　ランスロットを善玉に見せるためには、対立する悪玉が必要である。マロリーは、本来の伝説では立派な人物だったガウェインを悪玉におとしめることで、ランスロットの地位を相対的に高める意図があったものと思われる。

ガウェインのやつは、ワシの母親イグレーンが、前の夫とのあいだに作った娘「マーゴース」の息子でのう。
つまりワシにとっては「甥っ子」ということになるわけじゃ。

扱いはどんどん酷くなるばかり
アグラヴェイン

欧文表記：Agravain
初出：キャクストン版第7巻第25章

アーサー王の即位と欧州統一
円卓の騎士の冒険とロマンス
聖杯探索
アーサー王の死

ガウェイン兄弟で一番影が薄い男

　24ページで紹介したとおり、ガウェインとその兄弟たちは、『アーサー王の死』において悪役におとしめられている。ガウェインの弟であるアグラヴェインは特にその傾向が強く、「何もかもが卑しい騎士」という、ひどい呼ばれ方をしている。

　『アーサー王の死』におけるアグラヴェインの見せ場は、物語の終盤にようやく訪れる。円卓最強の騎士として名声を集めるランスロット（➡p54）を憎んでいたアグラヴェインは、同じ感情を持っていた異父弟モードレッド（➡p40）と共謀して「ランスロットと王妃グィネヴィアとの不義密通の現場を抑え、ランスロットを告発する」という計画を立て、ガウェインと兄弟たちに持ちかけるのだ。だが、兄弟たちはランスロットに対して義理や敬愛の念を持っていたため、誰ひとりとしてこの計画に乗ってこなかった。

　結局この計画は、アグラヴェインたち2人に加えて12人、合計14名の円卓の騎士によって実行された。計画どおり不義密通の現場を抑え証拠をつかむことに成功したのだが、これにランスロットが逆上し、事件をもみ消そうと14名の騎士に襲いかかる。この戦いでアグラヴェインを含めたほぼ全員が殺害され、逃げ延び生き残ったのはモードレッドひとりのみであった。

勇気ある告発は悪事扱い

　『アーサー王の死』の地の文は、「アグラヴェインとモードレッドという邪悪な騎士によって、世のなかの騎士道の華が破壊され打ちのめされた」、すなわちアーサー王の国が崩壊したのはこのふたりが原因だと、痛烈に批判している。だが現代的な感覚で考えれば、王妃と不倫したランスロットこそが罪人であり、アグラヴェインはたとえ私怨があるとはいえ「主君アーサー王を案じ、命懸けでランスロットと王妃の不倫を告発した忠義者」と評されてもおかしくはないだろう。

　『アーサー王の死』での悪い描かれ方とは違い、ブリテン島発祥の伝説に登場する「本来の」アグラヴェインは、優秀で実直な騎士である。人気者ランスロットの踏み台となった不遇の騎士であった。

フランス系のお話ではひどい扱いですね、アグラヴェイン様。でもブリテン島のお話では立派な騎士なんですよ？「堅い手のアグラヴェイン」なんていうカッコイイ二つ名もあるんです。

illustrated by 御園れいじ

ガレス

よい人ほど先に死ぬ

欧文表記：Gareth
異名：ボーメン、ボーメイン（白く美しい手）、たけり狂うウルフ
初出：キャクストン版第7巻第1章

- アーサー王の即位と欧州統一
- 円卓の騎士の冒険とロマンス
- 聖杯探索
- アーサー王の死

「アーサー王派」の騎士

ガウェイン兄弟唯一の善良な騎士

自身の生まれを語らない無名の青年が、冒険で手柄を挙げ、さらに高貴な身分にあることが判明し、非の打ちどころがない最高の騎士となる。王道の物語でその活躍が讃えられているガレスは、『アーサー王の死』の憎まれ役であるガウェイン（➡p24）の兄弟たちのなかで、ただひとりガウェイン兄弟の謀略に荷担せず、善良で誠実な騎士として描かれている。

赤騎士アイアンサイド卿に勝利し、周囲から彼の助命を嘆願されるガレス。1917年、イギリス人画家アーサー・ラッカム画。

あるとき、騎士になるべくアーサー王の元を訪れたガレスは、自身の名前どころか「ガウェインの弟」という身分まで隠していたため、まずは厨房の下働きとして採用され、さらにケイ（➡p34）によって「ボーメイン（白く美しい手）」という侮辱的なあだ名を付けられてしまった。ガレスがこの汚名を返上するのは厨房係となってから1年後、赤の騎士（➡p90）討伐の冒険によるものである。

ガレスはランスロット（➡p54）から騎士に任命されて出立、道中で依頼主の乙女から罵詈雑言を浴びながらも冒険の旅を続け、みごとに乙女の依頼を達成する。帰還したガレスはその名誉をたたえられ、また母親からその出自を明らかにされたことにより、円卓の騎士として迎え入れられたのであった。

騎士の心意気は破滅の前兆

ガレスは自身を騎士に任命してくれたランスロットを敬愛していたが、そのせいで命を落とすことになる。王妃グィネヴィアの処刑に非武装で立ち会っていたところを、王妃を救出すべく突入してきたランスロット一派に斬殺されたのだった。この事件を原因に長兄ガウェインは強硬な反ランスロット派となり、アーサー王の王国と円卓の騎士は破滅への道を辿り始めるのである。

ガレス卿の異名「ボーメイン」とは、「白い手」という意味です。現代の価値観では格好よいですが、実は「生っ白く弱々しい」という意味が込められておりまして、あだ名をつけたケイ卿の毒舌がきわだちますな。

illustrated by サクマ伺貴

母親殺しの罪を背負って
ガヘリス

欧文表記：Gaheris
初出：キャクストン版第3巻第4章

アーサー王の即位と欧州統一
円卓の騎士の冒険とロマンス
聖杯探索
アーサー王の死

「アーサー王派」の騎士

ガウェイン兄弟の汚れ役

　ガヘリスはガウェイン（➡p24）4兄弟のひとりで、戦争などの武勲による活躍よりも、騎士道にふさわしくない暗躍ぶりが目立つ騎士だ。『アーサー王の死』において、ガレス（➡p28）を除くガウェイン兄弟はどこか影のある人物として描かれているのだが、ガヘリスは特に闇の深い存在である。

　ガヘリスが行ったもっとも罪深い行為は「母親殺し」だ。ガウェイン兄弟は自分たちの母マーゴースが、ラモラック（➡p86）という騎士と肉体関係にあることを不快に思っていた。なぜならラモラックの父親は、ガヘリスたちの父であるロット王を殺した「ペリノー王」（➡p70）の息子だったからだ。

　そこで兄弟たちは母マーゴースを呼び寄せ、そこへラモラックが来たところで彼を殺そうとしていたのだが、ガヘリスはいち早くふたりのいる寝室に乱入、なぜか母マーゴースの首を斬り落としてしまうのだ。

　本来の目標であったラモラックは見逃されて命を拾ったものの、のちにガレスを除くガウェイン兄弟とモードレッド（➡p40）に襲われ、殺害されている。

その死が皆の運命を決めた

　ガヘリスの心には闇が巣くっていたが、彼が騎士道を忘れたわけではない。ガヘリスはランスロット（➡p54）を敬愛しており、アグラヴェイン（➡p26）とモードレッドから「ランスロットとグィネヴィア王妃の不倫を暴き、彼を失脚させよう」と謀略を持ち掛けられたときには、これをきっぱりと断っている。

　のちに不倫をあばかれた王妃が火あぶりにされようとしたとき、ガヘリスは兄弟ガレスとともに刑場に来ていた。彼らはランスロットが王妃を救いに来ると予想していたが、王命でしかたなくこの場にいることを示すため、非武装で立ち合っていた。だがランスロット一派は刑場に乱入し、ガレスとガヘリスを殺してしまう。非武装の相手を殺すのは卑怯で不名誉なことである。この虐殺は長兄ガウェインの怒りに火をつけ、両者の和解を不可能にする決定的な一打となってしまった。

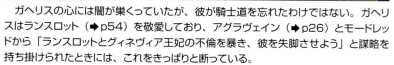

ガウェイン様の兄弟に、エリエス様という円卓の騎士の名前が1回だけ出てきます。ですがこれ、ガヘリス様のお名前の誤植かもしれません……GaherisからGaを抜くと、herisになりますので……。

illustrated by 黒野菜

わたしの御役目どこ行った？
グリフレット

欧文表記：Griflet　別表記：ガーフレット、ジョフルなど
初出：キャクストン版第1巻第11章

- アーサー王の即位と欧州統一
- 円卓の騎士の冒険とロマンス
- 聖杯探索
- アーサー王の死

「アーサー王派」の騎士

魔術師イチオシの古参騎士

　グリフレットは物語の序盤、アーサー王が自身の王権を証明して即位した直後から名前を見せている、最古参の家臣のひとりである。

　ただし最古参というだけで騎士としての実力や武勇は少々心もとなかったようだ。グリフレットは非常に勇敢ではあるが、少ない戦歴は負けばかり、最大の見せ場は王妃グィネヴィアの処刑の際に、王妃を助けるべく乱入してきたランスロット（➡p54）一味に殺害されるシーンという、非常に地味な存在である。

　だがアーサー王の補佐役である魔術師マーリンは「グリフレットはのちにすばらしい男となり、あなたの忠臣として仕えるでしょう」などと、アーサー王にグリフレットという騎士の大切さを何度も説いている。グリフレットはアーサー王とは同い年、かつ王になる前からの長い付き合いであり、作中ではアーサー王が彼に「私がおまえを騎士にしてやったのだから、おまえは私に贈り物をするべきだぞ」などと軽口を叩く場面が見られる。王という孤独な地位についたアーサーにとって、グリフレットは数少ない気を許せる関係だったことは間違いない。マーリンの予言どおり、アーサー王にとって「忠臣であり、すばらしい男」だったことだろう。

最大の見せ場を奪われて

　『アーサー王の死』ができる前の、古いアーサー王伝説において、グリフレットはとても大切な役目を担っていた。それは「瀕死の重傷を負ったアーサー王の命令で、王の愛剣エクスカリバーを湖の乙女に返却する」というものだ。なお『アーサー王の死』では、この役目はベディヴィア（➡p38）のものになっており、最後のシーンにグリフレットは登場しない。

　その物語では、グリフレットはエクスカリバーを湖の乙女に返還し、瀕死のアーサー王が異世界アヴァロンへ旅立つのを見送ったあと、「貴婦人たちによってアーサー王が葬られた」という立派な墓を発見する。グリフレットは生涯この墓を守ろうとして聖職者になるが、その18日後に死亡したとされている。

 グリフレット様は、フランスの騎士物語『ジョフレ』の主人公さんと同一人物かもしれません。こちらのジョフレさんは、悪い騎士を倒して素敵なお嫁さんを手に入れる正当派主人公。ずいぶん違いますね……。

ケイ

兄より優れた弟は存在しない?

欧文表記：Kay、Cei　別表記：カイ、カイウス、カ、クーなど
異名：この世で一番口の悪い騎士　初出：キャクストン版第1巻第5章

「アーサー王派」の騎士

「アーサー王の即位と欧州統一」
「円卓の騎士の冒険とロマンス」
「聖杯探索」
「アーサー王の死」

口の悪さは天下一品

　目立つ活躍こそないものの、その人がいなければ成り立たないという縁の下の力持ち。ケイはアーサー王の右腕として、アーサー王と王国を国務長官という立場で陰から支えていた、地味だが決して欠かせない優秀な2番手だ。

　ケイは、アーサー王の育ての親であるエクター卿（➡p68）の実子で、アーサーとはともに育てられた乳兄弟の関係だ。彼はその立場ゆえに最序盤から物語に登場するキャラクターであり、また最後までアーサーに変わらぬ忠誠を見せる一番の忠臣でもある。

父エクター卿に、アーサーの抜いた「石に刺さった剣」を見せるケイ。アメリカ人イラストレーター、ハワード・パイル画。

　『アーサー王の死』においては口の悪さ、特に新参者の騎士を罵りひどいあだ名を付けては（➡p28、p76）、実力でやり込められるという役回りが目立つ。だがこのような描写が多くなるのは、ケイが義弟アーサー王と同様に第一線から身を退き、物語の主役が円卓の騎士に移ったのちのことである。ケイと義弟アーサー王の現役時代とも言える、全ヨーロッパが平定されるまでのあいだ、ケイは常に戦場の最前線で活躍しており、無敗とは言えないが数多くの武勲を立てているのだ。

ウェールズにおける超人ケイ

　ケイはアーサー王伝説にかなり古い時代から姿を見せており、『ブリタニア列王史』や『マビノギオン』という作品にも、アーサーの執事的な役割で登場する。

　『マビノギオン』のケイは、強力な魔法の力を持つ若い騎士である。彼は「9日間水中に潜っていられる」「9日間眠らずにいられる」「ケイから受けた傷はどのような医者でも癒せない」「森の木よりも高く背を伸ばせる」「何もない所から火種を起こせる」などの多彩な魔術をあやつる異能者なのだ。

ケイ卿は妙なあだ名をつけるだけでなく、誰かの悪口をおもしろおかしく話すのがお上手です。現代のイギリス人も皮肉やジョークが大好きですし、なんともブリテンらしい騎士様ですなぁ。

illustrated by Emanon123

いろんな話に顔を出す
サグラモアー

欧文表記：Sagramore、Sagremor　別表記：サグラモールなど
異名：勇猛なる、望み強きなど　初出：キャクストン版第4巻第25章

アーサー王の即位と欧州統一
円卓の騎士の冒険とロマンス
聖杯探索
アーサー王の死

「アーサー王派」の騎士

古株ながらもやられ役

　フルネームはサグラモアー・ル・デジラス。アーサー王に仕える円卓の騎士であり、数々の物語に登場する「脇役騎士」である。

　サグラモアーは古株の円卓の騎士であるが、さほど目立つ出番はなく、ランスロット（➡p54）、マーハウス（➡p74）などの強い騎士に真っ先に挑戦し、返り討ちにされる「噛ませ犬」のような役として名が挙がることが多い。その戦績は黒星だらけで目を覆うほどだが、仲間の騎士との共同作戦では武勲を立てることもある。ちなみにアリー（➡p64）という負傷した騎士が「もっとも優れた騎士に傷を調べてもらわなければ傷は癒えない」と訴えたとき、サグラモアーは大胆にも傷の癒しに挑戦したが、あえなく失敗している。

　それでも他の騎士との仲は良好だったようで、ランスロットが発狂して宮廷を飛び出したときは、ランスロットの親族と一緒に探索の旅に出ている。

　サグラモアーの最後の出番は物語中盤、アリーの治療である。円卓内戦では以下のようにアーサー王陣営にいるはずだが、描写はされていない。

活躍している作品もあります

　13世紀初期にフランスで語られた『流布本サイクル』と呼ばれる物語では、サグラモアーはハンガリー王の子であり、東ヨーロッパで栄えたビザンツ帝国の皇帝の甥とされる。弟ふたりは騎士ではなくキリスト教の司教となり、妹クレールは巨人に捕らえられていたところを円卓の騎士ガングランに救出された。またひとたび戦闘が終わると病と空腹で倒れてしまうことから、ケイ（➡p34）に「若い屍」というあだ名をつけられてしまう。そして物語の終盤、アーサー王とモードレッド（➡p40）の最終決戦において、モードレッドの手で殺されてしまう。

　別の作家が書いた、パーシヴァル（➡p84）を主人公とする聖杯探索物語では、サグラモアーは妻を思い出してぼんやりしているパーシヴァルに（アーサー王の許可を得て）襲いかかったが、一瞬で返り討ちに遭ってしまっている。

こやつは勇敢ではあるんじゃが、戦いの技術のほうが追いついておらんのだ。しかし、格上の敵と何度戦っても生き残って戦場に帰ってくるのは、一種の才能じゃろう。ガッツのある男は貴重じゃの。

illustrated by けいじえい

ベディヴィア

借りたものはちゃんと返しましょう

欧文表記：Bedivere　別表記：ベディヴィエールなど
初出：キャクストン版第5巻第6章

- アーサー王の即位と欧州統一
- 円卓の騎士の冒険とロマンス
- 聖杯探索
- アーサー王の死

「アーサー王派」の騎士

王に忠実に仕え、見送る騎士

エクスカリバーを湖に投げ入れるベディヴィア。1884年、オーブリー・ビアズリー画。

　ベディヴィア（ベディヴィエール）は宮廷の執事役である兄ルーカン（➡p42）とともに、アーサー王に最期まで従った騎士である。

　物語中ではローマ遠征や数々の馬上槍試合に参加しているものの、際立った戦績はない。だが物語の終盤、モードレッド（➡p40）とアーサー王との戦争が終わった後、アーサー王陣営で生き残っていたのは瀕死のアーサー王とルーカン、ベディヴィアの兄弟だけだった。

　ベディヴィアは自身の死を悟ったアーサー王に「エクスカリバーを湖に返還せよ」と命じられるも、剣を惜しんで二度もアーサー王に嘘の報告をした。だがいずれもアーサー王に見抜かれ、三度目にしてとうとう湖にエクスカリバーを投げ入れ、女の手が剣を受け止めるのを見届けたのだった。

　戦後ベディヴィアは修道院に入り、隠者としてひっそりと余生を送ったという。

王を看取る騎士の変遷

　ベディヴィアはアーサー王伝説に初期から登場する人物のひとりである。中世ウェールズで成立した『マビノギオン』に収録されている『キルッフとオルウェン』では、ベディヴィアは片腕がないのだが「隻腕(せきわん)の騎士でありながら、その働きぶりは他の騎士3人よりもめざましい」と勇猛ぶりが謳(うた)われている。他のウェールズの伝承においても、モン・サン・ミシェルの巨人と戦ったとされている。

　ただし王の最期にエクスカリバーを返還する役として描かれるのは『アーサー王の死』など後期の作品においてである。『アーサー王の死』では前述のとおりベディヴィアであるが、他の作品では従兄弟のグリフレット（➡p32）とされている。

ベディヴィア卿の前に聖剣を返す係だったグリフレット卿。その役目をとられた『アーサー王の死』では、ランスロット卿の不倫現場に乗り込んで殺される役所になっておられます。これまたひどい扱いですな……。

謎多き裏切りの騎士
モードレッド

欧文表記：Mordred、Modred　別表記：モルドレッド、モドレッド、メドラウトなど　異名：裏切り者　初出：キャクストン版第1巻第19章

- アーサー王の即位と欧州統一
- 円卓の騎士の冒険とロマンス
- 聖杯探索
- アーサー王の死

呪われた子はすべてを終わらせた

　モードレッドは、アーサーと異父姉マーゴースの近親相姦による不義の子である。作中に外見描写はないが、銀と黒の縞模様が描かれた盾を持っていたことがある。
　彼が5月1日に生まれた直後、魔術師マーリンが「5月1日に生まれた子供が将来国を滅ぼす」と予言したため、王国内の同日生まれの子供すべてが海に流された。だが当のモードレッドは奇跡的に助かり人知れず成長、騎士となりアーサー王に仕えた。そのあとはたまに活躍を見せる程度であったが、物語の終盤において「ランスロットと王妃グィネヴィアの不倫関係（→p131）を白日の下に晒す」という謀略を成功させる。これによってアーサー王とランスロットは完全に対立、やがて円卓の騎士を2派に分けての血なまぐさい内輪揉めがはじまるのだ。
　アーサー王はブリテン島をモードレッドに任せてフランスへ遠征するが、モードレッドが「アーサー王は死んだので自分が王位を継ぐ」と偽情報を流して反乱を起こす。ランスロット討伐から戻ってきたアーサー王の交渉に応じ、領地をもらって和平しようとするが、和平成立の宴で、騎士のひとりが蛇に噛まれて剣を抜いてしまう。これをきっかけに和平は崩壊し、両軍は死力を尽くして戦いほぼ全滅した。最後にモードレッドは襲いかかってきたアーサー王に槍で体を突き刺されながらも、その槍を体に貫かせながら前進。最期の一撃でアーサー王に致命傷を負わせて息絶えた。

古き伝承におけるモードレッドの反乱

　モードレッドの裏切りは、『アーサー王の死』よりも300年以上前に書かれた偽史書『ブリタニア列王史』にすでに書かれている。
　『ブリタニア列王史』では、モードレッドのラテン語読み「モードレドゥス」という人物がアルトゥールス（アーサー王）の甥として登場。アルトゥールスがフランスでローマ軍を撃破したとき、本国で反乱して王位を奪っている。アルトゥールスは帰国してモードレドゥスを殺すが、自分も傷ついてアヴァロンに運ばれた。反乱の時期以外の展開は『アーサー王の死』でも踏襲されているのがわかる。

『ブリタニア列王史』よりさらに200年は古い『カンブリア年代記』にも、モードレッド卿の名前があります。「アーサーとメドラウトが死んだ」と……おや、おふたりが「敵どうしだった」とは書いていないのですな。

illustrated by 愛目さと

キャメロットお付きの執事役
ルーカン

欧文表記：Lucan　異名：執事役
初出：キャクストン版第1巻第10章

「アーサー王派」の騎士

外交官も執事の役目

　国を治めるのは王だけではない。どの時代のどのような組織であっても、カリスマ的な指導者の下には、かならず切れ者の参謀がいるものだ。ルーカンはアーサー王に古くから仕え、アーサー王直属の執事役をつとめる騎士である。

　ルーカンはアーサー王の執事として家政を管理するかたわら、外交官の役割も果たしている。アーサー王とランスロット（➡p54）の内戦では、ランスロット側から送られてきた使者の乙女を取り次ぎ、モードレッド（➡p40）との休戦交渉では交渉条件の全権を任されて、領地や地位などのエサをたくみにちらつかせ、明らかにモードレッド側に不利（時間さえあればアーサー王側に援軍がやってくるため）な和平を結ばせる寸前までこぎつけた。きわめて優秀な外交官だといえる。

　執事役と言えど騎士であるから、ルーカンは数々の戦争や馬上槍試合にも参加している。普段は執事らしくおだやかな人柄だが、いざ戦争となれば命の保証のない決死隊に志願したうえ、この戦いで「すさまじい戦いを繰り広げた」と特記されるほどの勇猛さを示した。作中での扱われ方は地味だが、文武両道の才能でアーサー王を支える、まさに王国の柱と呼ぶべき騎士である。

最終戦争での数少ない生き残り

　ルーカンは弟ベディヴィア（➡p38）とともに、アーサー王とモードレッドとの最終決戦に参加して生き残った、数少ない騎士のひとりである。

　ただし生き残ったといっても「重傷を負いながらもかろうじて生きていた」という程度の話であった。ルーカンは致命傷を負ったアーサー王をベディヴィアとともに運ぼうとしたのだが、おそらく力を込めたせいで腹が裂け、内臓をぶちまけて死ぬ、という壮絶な最期を遂げている。

　なお『アーサー王の死』以外の作品では、「アーサーを助け起こそうとしたところで倒れ、力尽きた」「離れた場所へ運ばれたあと、感きわまったアーサーに強く抱きしめられ圧死」など死に方が異なる。

ルーカン様の役職名は、正確には「献酌侍臣」といって、王宮の酒蔵を管理する係です。いつでも宴会ができるように酒の在庫を維持しなければいけませんので、激務ですし格式の高い役職なんですよ。

この武具は我が友のために
ガレロン

欧文表記：Galeron
初出：キャクストン版第12巻第13章

アーサー王の即位と欧州統一
円卓の騎士の冒険とロマンス
聖杯探索
アーサー王の死

アーサー王派の騎士

武具を貸してリベンジ達成

　ガレロンはアーサー王の円卓の騎士の一員であり、物語中では出身地の名前から「ゴーロウェイのガレロン」と呼ばれている。

　ガレロンの見せ場は円卓の騎士トリスタン（⇒p72）の物語の終盤でやってくる。ガレロンは冒険中に異教徒の騎士パロミデス（⇒p62）と出会い、槍で馬から突き落とされて重傷を負ってしまう。その直後、長年パロミデスとライバル関係にあるトリスタンもやって来たが、そのとき彼は武具一式を持っていなかった。そこでガレロンはトリスタンに自分の鎧と武器を貸し出した。トリスタンはガレロンから借りた武具を装備して、パロミデスとの死闘の末に勝利したのである。

　その後パロミデスはキリスト教の洗礼を受けて名実ともに円卓の騎士の一員となるのであるが、この経緯から、パロミデスの洗礼にはトリスタンとともにガレロンも教父として同席している。パロミデスを歓迎すべく開催された馬上槍試合にもガレロンは参加したが、顔を隠して参加したランスロット（⇒p54）に敗北した。

　最期はモードレッド（⇒p40）らとともにランスロットとグィネヴィア王妃の不倫現場に踏み込んだものの、返り討ちにされて殺された。

ガウェインとの決闘

　イギリスのアーサー王伝説『アーサー王のワザリング湖での冒険』では、ガレロンは「不当に領地を没収された」とアーサー王に訴えて、ガウェイン（⇒p24）との決闘裁判で決着をはかることになる。ガレロンはガウェインに追い詰められて死にかけるが、寸前でアーサー王が決闘を中止させたことで

「アーサー王のワザリング湖での冒険」の舞台となった湖。1940年ごろまでに干上がってしまったという。撮影：Alexander P Kapp

命をながらえた。領地問題が解決したのち、ガレロンもまた円卓の騎士の一員となる。

そういえばガレロンのやつはガウェイン派であったの。円卓の騎士にはいくつかの派閥があっての、ブリテン島系のガウェイン派と、フランス系のランスロット派は仲が悪かったんじゃ。

illustrated by れんた

宮廷にもお笑いを
ダゴネット

欧文表記：Dagonet　異名：道化
初出：キャクストン版第9巻第3章

「アーサー王派」の騎士

道化師にしてコメディリリーフ

ダゴネットは、アーサー王の宮廷につとめる道化師が、アーサー王に取り立てられて騎士になったという変わり種である。騎士となったあとも道化師としての切れ味は抜群で、馬上槍試合に出るたびに周囲を笑わせていたという。

物語中でも相手をからかうような役回りとなることが多い。例えばコーンウォールのマーク王がランスロット（➡p54）を恐れているという情報を察知すれば、モードレッド（➡p40）から鎧を借りてランスロットのふりをし、マーク王を追い回した。

ただ実力はそれほど高くはないらしく、経験不足ゆえに馬上戦闘を大の苦手としていたラ・コート・マル・タイユ（➡p76）に、馬上戦闘で唯一負けた騎士となってしまった。他にもパロミデス（➡p62）に槍を一突きされて落馬させられる、狂乱した全裸のトリスタン（➡p72）に池に突き落とされるなど派手な負けっぷりが目立つ。

宮廷道化師とは

宮廷道化師とは古代から中世にかけて、国王や貴族の身近に仕えた人々である。彼らの仕事はダジャレや言葉遊びなど機知に富んだ言葉で雇い主を笑わせ、宴会やくつろぎの場で楽器演奏や歌を披露することだった。道化師には異常な身体的特徴を持つ者も多く、その部位をわざと晒すこともあったようだ。

笑う宮廷道化師の肖像画。1500年頃にオランダで描かれたと考えられている。米ウェルズリー大学デイヴィス博物館蔵。

彼らはあくまで雇い主の愛玩物であり、法的な権利や保護などはなかったが、権力者の身近に侍って直接意見を言えるという独特のポジションを獲得しており、権力者の最大の理解者となることもあった。

19世紀英国の詩人デニスンの著作『国王牧歌』では、ダゴネットはトリスタンに辛辣な批判を浴びせている。道化師は頭がよくなければつとまらないのだ。

道化師が国王のアドバイザーとなるのは、国王へ意見することは「王の権威に傷をつける」から。だが道化師ならば「しょせん道化師の言うこと」と軽く見られるため、意見を言いやすいのですな。

illustrated by C-SHOW

恋心は手段を選ばない
メリアガーント

欧文表記：Maleagant
別表記：メリアグランス、メリアガンス、メレアガンスなど
初出：キャクストン版第7巻第27章

王妃誘拐の大罪人

　メリアガーントは初期から物語に姿を見せる騎士のひとりで、怪力の持ち主とされており、ゴール（現在のフランス）のバグデマグス王の息子という血筋も確かな人物である。ただし騎士道精神に欠け、勝つためには手段を選ばない傾向があるため、周囲の騎士に批判される場面が多々見られる。

　メリアガーントは主君アーサー王の妃グィネヴィアの美しさに恋い焦がれており、それゆえに「5月の花摘み事件」と呼ばれる大騒動を引き起こしてしまう。メリアガーントは、王妃がわずか10人の護衛騎士を連れて外出したときを狙って、160名もの大軍で待ち伏せて護衛の騎士に襲いかかったのだ。

　護衛の騎士たちのなかに王妃の愛人ランスロット（➡p54）はいなかったが、騎士たちは奮闘し40人の兵を倒した。だが多勢に無勢、倒れた騎士たちは王妃ともども連れ去られてしまった。かくしてメリアガーントは王妃誘拐を達成したが、事態を把握したランスロットの襲撃を受けてただちに降参。メリアガーントは王妃に命乞いをしてかろうじて助かったが、直後に王妃とランスロットの不倫の証拠をつかみ、これを告発。ランスロットに決闘裁判を挑まれ、命を落としている。

騎士物語における女性の地位

　アーサー王伝説の時代、「女性を強引に手に入れて自身の妻とする」行為、いわゆる「略奪婚」は珍しいものではなかった。ほかならぬアーサー王自身が、アーサー王の父ユーサー王が敵対する領主を倒し、その妻イグレインを奪って生ませた子供なのである（➡p118）。メリアガーントの王妃誘拐は無謀だったが、同様のことは『アーサー王の死』の作中で何度も起こっている。

　現代的な感覚で考えればユーサー王の行動は非難されてしかるべきものなのだが、被害者である妻どころか周囲の人々でさえ、ユーサーとイグレインの結婚に関してはむしろ喜びを見せている。男たちにとって身分の高い女性は戦利品であり、女性自身もその境遇に適応することが求められる時代だったのだ。

ちなみに決闘裁判というのはじゃな、「やった、やらない」の事実を争うときに、神に誓いを立てて当事者どうしで戦い、勝ったほうが正しいという裁判じゃ。キャリバーンよ、66ページで説明しておけ。

円卓の騎士たちはいなくても
コンスタンティン

欧文表記：Constantine　初出：キャクストン版第5巻第3章

- アーサー王の即位と欧州統一
- 円卓の騎士の冒険とロマンス
- 聖杯探索
- アーサー王の死

偉大な王の跡継ぎとして

　コンスタンティンはトマス・マロリーの『アーサー王の死』において、偉大な王アーサーの想いを次世代に伝える人物だ。彼はアーサー王と円卓の騎士すべての物語が終わる直前、その跡目を継いでイングランドの王となっている。

　王となったコンスタンティンは、アーサー王のいなくなったイングランドをうまく立て直していったようだ。例えばモードレッド（→p40）が反乱を起こしたときに国から追放されていたカンタベリーの司教を探し出し、帰国させてふたたび司教職へと就いてもらうなど、非常に細やかな所まで気を配っている。

　ただ、アーサー王の跡目と認められ、のちにもよく国を治めたであろうコンスタンティンの元に、わずかながらも生き残った円卓の騎士たちは誰も戻らなかった。生き残った騎士たちのほとんどは、国へ帰ったあとに聖職者となって余生を過ごしており、例えばベディヴィア（→p38）は隠者となり、アーサー王の菩提を死ぬまで弔っている。ある騎士などはランスロット（→p54）の遺言に従い、異教徒トルコ人の地へと攻め込み命を落とした。円卓の騎士たちにとってのアーサー王とランスロットは決して替えの効かない、かけがえのない存在であったのだろう。

文献によって治世は様々

　12世紀ごろの伝奇的年代記『ブルータス』には、死に瀕したアーサー王が、まだ少年のコンスタンティンに自分の王国のすべてを託す、というシーンがある。

　しかし、12世紀の偽史書『ブリタニア列王史』におけるコンスタンティンの治世は、とても平穏とは言い難いものだ。彼が王座に就くやいなや、モードレッドのふたりの息子が、またもや王座を狙って反乱を起こしたのである。反乱は王国軍によって阻止され、息子のひとりはとある教会の祭壇の前で、もうひとりはある修道院の祭壇のそばで、コンスタンティンが自分の手で粛清した。

　だが、おそらく神聖な場所での殺人がとがめられたのであろう、コンスタンティンもまたその4年後、神の審判によって命を落としている。

「アーサー王派」の騎士

　コンスタンティンはワシの甥っ子でな、昔から目をかけておったんじゃ。この子に円卓の騎士たちを残してやれなかったのは、ワシの人生のなかで無念だったことのひとつよのう。

illustrated by 濱田ぽちを

騎士物語のハテナ？その② 馬上槍試合

アーサー王伝説の騎士たちは、よく「馬上槍試合」で武勇を競っております。ときに死者も出るほど苛烈な「馬上槍試合」とは、いったい何なのか……くわしくお教えしましょう。

「馬上槍試合」とは、「騎士が馬に乗って戦う行為」の総称。相手を殺さずに腕を競う試合、相手を殺すための決闘、交渉ごとを決着させるための真剣勝負、そして戦争に至るまで、あらゆる馬上での戦いが「馬上槍試合」に内包される。

馬上槍試合におけるジョスト（一騎討ち）の様子。15世紀ごろに描かれたもの。

戦いの形式ははっきりと分類されているわけではないので境目があいまいだが、おおむね以下のように分類できる。
- **戦争**……大規模な戦いで、死者が多数出るもの
- **競技大会**（トーナメント）……大規模だが死者があまり出ないもの
- **試合**（ジョスト）……1対1で、おたがいが友好的または殺意がない
- **決闘**（デュエル）……1対1で、敵意または殺意がある

なお、「ジョスト」と聞いて、2本の平行な走路に騎士がひとりずつ馬を走らせ、相手を木の槍で突いて落馬させる競技をイメージするかもしれない。だがこれは15世紀ごろ、騎士道文化がすたれはじめたころに開発された「安全な」試合にすぎない。実際の馬上槍試合はもっと自由で危険なものだった。

馬上槍試合で騎士が得るもの

馬上槍試合で武勲をあげた騎士は、名誉と実益を得ることができる。

名誉　騎士は名誉を求める存在である。彼らは馬上槍試合に勝利することで、相手の騎士に勝ったという名誉を得ることができるのだ。腕自慢の騎士のなかには、あえて劣勢のチームに参加して前評判をひっくり返すことで、より高い名誉を得ようとする者もいたという。

実益　馬上槍試合では戦争と同じように、敗者を捕えて捕虜にできる。勝者は敗者を解放するかわりに身代金を受け取る権利を持ち、さらに敗者の装備は奪ってもよい。そのため中世には、馬上槍試合で生計をたてる騎士もいたという。

円卓の騎士のなかにも、馬上槍試合で名誉を手に入れるために、一時的にアーサー王の敵陣営に加わって戦った方がたくさんいます。一番それをよくやったのがランスロットですね、本当に困ったものです……。

「ランスロット派」の騎士
Knights of Lancelot's party

　アーサー王に仕える円卓の騎士のなかで、もっともすぐれた騎士だとされていたのは、フランス生まれの騎士ランスロットです。彼は非常に人望があり、ランスロットが成り行きからアーサー王に敵対したときも、多くの騎士が彼に味方しました。
　この章では、円卓内戦においてランスロットに味方して戦った、6名の騎士を紹介します。

Illustrated by とんぷう

ランスロット

最強の騎士は災厄の騎士
ランスロット

欧文表記：Lancelot、Launcelot　別表記：ラーンスロット、ランスロなど
異名：湖のランスロット、荷車の騎士など　初出：キャクストン版第2巻第3章

- アーサー王の即位と欧州統一
- 円卓の騎士の冒険とロマンス
- 聖杯探索
- アーサー王の死

「ランスロット派」の騎士

破滅を呼んだ最強の騎士

　ランスロットと言えば、アーサー王物語における主人公格のひとり、最強の騎士として名高い存在だ。アーサー王物語が花開いた14世紀フランスにおいて、ランスロットはもっとも人気のあるキャラクターであった。

　ランスロットは騎士に必要な剣術、槍術、乗馬に誰よりも長けており、眉目秀麗、さらに人柄や騎士としての立ち振る舞いも完璧という、まさに「完璧で理想的な騎士」として描かれている。

　アーサー王や円卓の騎士たちからの信頼も厚く「世界最高の騎士」とまで呼ばれたランスロットであったが、ただひとつだけ間違いを犯していた。彼はアーサー王の王妃グィネヴィアと決して許されぬ不倫関係を結んでおり、これはのちにアーサー王、円卓の騎士、アーサーの王国、それらすべてを滅ぼすきっかけとなるのだ（→p122）。

アメリカのアーサー王伝説読本『The Book of Knowledge』に掲載されたランスロットの挿絵。1911年発行。

実はフランス生まれの新参者

　現存している文献においての話だが、ランスロットという騎士の初出となるのは、12世紀フランスの詩人クレティアン・ド・トロワの『ランスロまたは荷車の騎士』である。物語の流れはおおまかに「謎の騎士によって王妃が誘拐されてしまうが、ランスロットは数々の冒険や試練を乗り越えて王妃を救い出し、さらに謎の騎士も決闘で打ち倒し、王妃の名誉も取り戻す」というものだ。「荷車の騎士」というタイトルの由来は、おそらく「ランスロットが、王妃を一刻も早く救出するため、罪人や囚人の乗り物である荷車にみずから乗り込んだ」ことからであろう。

　これら『荷車の騎士』のエピソードは、『アーサー王の死』の「5月の花摘み事件（→p48）」において、そのほぼすべてが取り入れられている。

王妃グィネヴィア様を一秒でも早く助けるために、名誉を捨てて荷車に乗ったランスロット。ですが王妃様は、ランスロットが荷車に乗ったことを批難したんです。愛って、ときどき一方通行ですよね……。

54

最古参の騎士は王より強い?
ボース

欧文表記：Bors　別表記：ボールスなど
初出：キャクストン版第4巻第18章

アーサー王の即位と欧州統一
円卓の騎士の冒険とロマンス
聖杯探索
アーサー王の死

聖杯到達組唯一の生き残り

　ボースは、物語の序盤から終盤まで通して活躍する主要な騎士のひとりである。性質は善良で、なにかと周囲に頼りにされる。ランスロット（→p54）の従兄弟であり、常にランスロットにつき従っていた。そしてランスロットが突然の冒険行などで行方不明になると、人々はまずこのボースを頼る。ランスロットの不倫相手である王妃グィネヴィアは、特にボースを信頼していたようだ。

　ボースの見せ場は「聖杯探索」と「円卓内戦」である。聖杯探索では、その善良な性質と、女性と一度しか寝たことがない（ほぼ童貞である）ことから、ガラハッド（→p82）やパーシヴァル（→p84）とともに、聖杯降臨の場を目撃した三騎士のひとりである。ガラハッドは3人のなかでただひとり、聖杯を見たあとも騎士を続け、探索の結末をアーサー王に伝える役目を担っている。

　円卓内戦では、ランスロットを中心とする派閥に加わってアーサー王やガウェイン（→p24）と対立する。この戦いのなかで、ボースはアーサー王との一騎討ちを行い、アーサー王を落馬させた。そして馬を降り剣を抜き「私がこの戦いを終わりにしましょうか（アーサー王を殺しますか？）」とランスロットに持ちかけたが、同意を得られなかったため剣を収めている。つまりボースは、アーサー王に正々堂々戦いを挑んで勝利した騎士なのである。

聖杯の降臨した場所から離れた所で、ガラハッドを見守るボースとパーシヴァル。

「ランスロット派」の騎士

『ブリタニア列王史』のボース卿

　アーサー王伝説の骨子を作り上げたと言える偽史書『ブリタニア列王史』には、アルトゥールス王（アーサー）の甥またはいとことして「ホエルス」という人物が登場する。ボースはこのホエルスが原型とされている。

ボース卿は、不倫の暴露を狙うモードレッド卿の企みに気づいて、ランスロット卿に「しばらく王妃に会うな」と忠告した。だが本当に彼のことを思うなら、不倫をやめさせるほうが先ではないかな……。

親戚みんな仲良くね！
ライオネル

欧文表記：Lionel
初出：キャクストン版第5巻第6章

- アーサー王の即位と欧州統一
- 円卓の騎士の冒険とロマンス
- 聖杯探索
- アーサー王の死

聖杯探索の騎士の兄

　ライオネルはガリア（現在のフランス）のボース王の子であり、円卓の騎士ボース（➡p56）は弟、ランスロット（➡p54）やエクター・ド・マリス（➡p60）は父方の従兄弟にあたる。ライオネルはこの親族の騎士たちと行動をともにすることが多く、ランスロットが発狂して宮廷を飛び出したときには彼らと手分けして捜索するなど、深い信頼関係で結ばれていた。

　しかし仲の良かった兄弟は、アーサー王伝説の重要な冒険のひとつ「聖杯探索」の途中で仲違いしてしまう。旅の途中、ライオネルはふたりの騎士に捕まり、裸で鞭打たれるという屈辱的な暴行を受けた。事件が起こったのはそのときだ。ライオネルが暴行されている現場に実弟ボースがやってきたのだが、彼は兄ライオネルを助けることよりも、その近くでいまにも別の騎士に襲われそうな乙女のほうを助けることを優先してしまったのだ。騎士道精神に照らし合わせれば弟ボースの行動は正しいが、感情的に納得できるものではないだろう。

　『アーサー王の死』には、このときライオネルは「ボースに見捨てられて死んだ」と明確に記述されているのだが、その直後、特に説明もなく再登場し、弟に見殺しにされた怒りをぶつける。ライオネルは兄弟喧嘩を止めに入った円卓の騎士コルグレヴァンスをも殺してボースに剣を振り下ろそうとしたが、突如として神の声と雷が降って来て気を失い、意識を取り戻してからようやく怒りをおさめた。

　アーサー王とランスロットが敵対したときは、ライオネルはランスロットに与して（くみ）アーサー王派のガウェイン（➡p24）と対戦した。戦後は隠者となって姿を消したランスロット捜索の旅に出るも、再会できぬまま殺されてしまう。

『アーサー王の死』の矛盾？

　本文で死んだと書かれたはずのライオネルがすぐに再登場するのは前述のとおりだが、兄弟喧嘩の巻き添えで死んだコルグレヴァンスも実は同様で、ランスロットとグウィネヴィア王妃の不倫が暴露される場面で、特に説明もなく再登場する。

『アーサー王の死』には、死んだはずの騎士様が何ごともなく再登場する矛盾がよくあるのですが……ライオネル様は、日本語版書籍でわずか11ページでよみがえるスピード復活を達成してます。必見ですよ！

エクター・ド・マリス

生まれも育ちもフランス人

欧文表記：Hector de Maris、Ector de Maris
別表記：エクトル、エクトール・ド・マリスなど　本名：エクター
初出：キャクストン版第6巻第2章

- アーサー王の即位と欧州統一
- 円卓の騎士の冒険とロマンス
- 聖杯探索
- アーサー王の死

「ランスロット派」の騎士

エクター卿はふたりいる

　エクター・ド・マリスは円卓の騎士ランスロット（→p54）の異母弟にして、同じく円卓の一員である。本名は単に「エクター」であるが、アーサー王の育ての親エクター（→p68）と同名であるため、両者を区別できるように出身地「マリス」を付けて表記されることが多い。ただ養父エクターとは活躍時期が異なるため、ただ「エクター」とだけ書かれていることも多い。

　エクターは、異母兄ランスロットのような派手な活躍はしていないが、騎士としての実力は確かなものだ。数々の戦いにおいて強く名高い騎士を相手にしても引けを取らず、その武勇から数多くの勝ち星を挙げている。

　また、異母兄ランスロットには冒険癖、放浪癖と呼ぶべき悪癖がある。そのためエクターは、行方不明になったランスロットを探して各地を巡るという場面がよく見られる。いつも貧乏くじを引かされる苦労人というイメージが強い。

　ちなみに彼は、作中の重要なエピソード「聖杯探求」において、聖杯からの恩恵を受けた少ない人物のひとりである。エクターは聖杯を求める旅の最中、相手の正体を知らずにパーシヴァル（→p84）との槍試合を行うのだが、パーシヴァルに瀕死の重傷を負わせ、自分も重傷を負ってしまう。だがそのあと、おたがいに過ちを悔いながら死を待っていたところへ聖杯が降臨し、ふたりの傷はたちまち癒やされた。

異教徒の地で戦い果てる

　最後の戦いでアーサー王が戦死し、円卓の騎士もほとんどが命を落とした。だがランスロット陣営であったエクターは何とか生き延びて、戦いが終わると同時に姿を消したランスロットを、7年ものあいだ探し続けたという。

　しかし居場所をつかんだときにはすでに遅く、ランスロットは息を引き取っており、彼はその死に目に立ち会うことさえできなかった。エクターは失意のままに自身の国へ戻るのだが、やがてランスロットの遺言に従って、意思を同じくする騎士たちとともに異教徒トルコ人の都へ攻め入り、聖金曜日に命を落としたという。

ヨーロッパでは名前の種類が少ないせいで、同じ名前、同じ姓の人物が複数いるのは珍しいことではないのじゃ。例えばエクターという名前は、ギリシャ神話の英雄ヘクトールに由来する人気のある名前じゃ。

illustrated by タカツキイチ

愛する気持ちは止められない
パロミデス

欧文表記：Palomides、Palamedes
別表記：パラミティーズ、パラメデスなど　異名：怒れるレオパード
初出：キャクストン版第7巻第13章

アーサー王の即位と欧州統一
円卓の騎士の冒険とロマンス
聖杯探索
アーサー王の死

トリスタンの手強い恋敵（ライバル）

『アーサー王の死』は、キリスト教徒の王アーサーとキリスト教徒の騎士による物語である。物語全体がキリスト教のカラーで統一されている本作のなかで異色の存在が、この異教徒の騎士パロミデスだ。作中でパロミデスは「サラセン人」と呼ばれているが、これは中世ヨーロッパにおいてイスラム教徒を指す総称であり、この名で呼ばれる人々の人種はさまざまである。

彼のトレードマークは黒い盾、または獅子の紋章が描かれた盾であり、この盾を装備して数々の武勲をあげた。作中では円卓最強と呼ばれるランスロット（➡p54）、トリスタン（➡p72）、ラモラック（➡p86）以外の相手に負けたことはほとんどなく、勝利の数は数え切れないほど。最強クラスの騎士と言って間違いない。

『アーサー王の死』では、円卓の騎士トリスタンと美しきイゾルデの恋物語に、イゾルデを巡るライバルとして活躍している。彼は勝つためなら手段を選ばず、騎士道精神に欠けた人物として物語に登場するが、トリスタンとの戦いを重ねるうち、パロミデスはすこしずつ作法を身に付け立派な騎士として成長していき、やがてトリスタンとは奇妙な友好関係が芽生えはじめる。最終的にパロミデスは、トリスタンの手でキリスト教の洗礼を受けることを願い、改宗しキリスト教徒となった。

のちに起きた円卓内戦においてはランスロットに従い奮戦している。

ランスロット派一の騎士

サラセン人とは何者なのか

パロミデスがサラセン人（イスラム教徒）である、というのは作中で触れられている通りなのだが、史実においてアーサーが活躍したとされる時期は6世紀ごろ、イスラム教の開祖ムハンマドの活動時期は7世紀ごろだ。当然、イスラム教徒の誕生は、実在のアーサーが活躍した以後の出来事となる。

ここから「パロミデスは黒人であった」という説があるが、それよりは、イスラム教徒に圧迫されていた欧州のキリスト教徒が、時代考証を無視して物語に加えたキャラクターと考えたほうが自然であろう。

『アーサー王の死』で異教徒が死ぬときは、傷口から瘴気のようなものが吹き出すなど、まるで悪魔やモンスターであるかのように描写されます。キリスト教絶対主義のわかりやすい影響ですな。

治療に騎士たち総動員！
アリー

欧文表記：Ally、Urre　別表記：ウルリーなど
初出：キャクストン版第19巻第10章

- アーサー王の即位と欧州統一
- 円卓の騎士の冒険とロマンス
- 聖杯探索
- アーサー王の死

「ランスロット派」の騎士

世界一の騎士はこの傷に聞け

　アリーはハンガリー出身の騎士で、『アーサー王の死』の物語中では「山のアリー」と名乗っている。眉目秀麗と明記されるハンサムな騎士である。

　アリーは冒険好きで、珍しいものがあると聞くとどこにでも飛んでいく性格だった。スペインで行われた勝ち抜き戦で、アリーは地元の領主の息子アルフェイオスと戦い、彼を殺して辛くも勝利した。アリーもまた無傷ではなく、頭部に3ヶ所、身体に3ヶ所、それと左手に深手を負ってしまった。

　試合とはいえ、騎士どうしの真剣勝負ではどちらかが命を落とすことはめずらしくない。しかしアルフェイオスの母は、息子を死なせたアリーを恨んで、彼に「傷が決して治ることはない」という呪いをかけてしまったのである。呪いを解く方法はただひとつ、「世界でもっとも優れた騎士が傷を調べてくれること」だった。アリーは母と妹フィレロリーに担架に乗せられて、彼を癒せる騎士を求めて世界各地を訪ね歩いた末に、アーサー王の宮廷までやってきたのだった。

　100人に届こうかという円卓の面々が順番に挑戦してみたが、アーサー王を筆頭に、誰もアリーの傷を治すことはできなかった。ガウェイン（→p24）、ガヘリス（→p30）、ガレス（→p28）兄弟など名高い騎士たちもである。結局、最後にタイミングよく帰ってきたランスロット（→p54）が事情を聞いて傷を調べたことで、ようやくアリーの傷は完治したのだった。

　完治後に行われた馬上槍試合では、もともと優れた騎士だったアリーは大活躍して、晴れて円卓の騎士の一員となった。その後は自分の傷を癒してくれたランスロットに心酔して、円卓内戦でも彼と行動をともにしている。

妹は結婚しました

　アリーの旅には、母と、妹フィレロリーも同道していた。アリーが完治したあとフィレロリーは、馬上槍試合で活躍して円卓の一員となったばかりの、優しき騎士ラヴェインと結婚している。

まあ、この話そのものが、ランスロット卿を最高の騎士に位置づけるために採用されたエピソードだといえましょう。ですが円卓の騎士の名前がずらりと並ぶ、治療の一節は壮観ですぞ。

騎士物語のハテナ？ その③ 中世騎士社会の裁判

社会にはもめごとがつきものです。現代であれば被害者が裁判所に訴え、証拠を提示して正当性を主張しますが……騎士物語の時代にはそんな裁判はありません。判決を下すのは神なのです。

そういえばわが騎士メリアガラントが、我が王妃の不倫を告発したときに、ランスロットが「決闘裁判」に臨んだことがあったのう。ランスロトのやつ、ハンデつきでボコっておったが。

真実を神にゆだねる裁判「神判」

中世ヨーロッパ社会では、犯罪容疑者の有罪も無罪も証明できない場合、「神判」という裁判が行われた。これは「神は罪なき者を守る」という理屈のもと、容疑者の身を危険にさらすことで神の意志を知るというものだ。

右上の図は、神判の一種である「水試し」の様子で、「被告の両手足を縛って水中に投げ入れ、沈んだままなら無罪、浮かべば有罪」という手法である。ほかにも多くの方法があり、判定は「無罪なら怪我をしない、死なない」という基準で下されるものが多い。「水試し」は数多い神判のなかでも、水場さえあれば簡単に行えるという手軽さから執行例が豊富で、多くの記録が残されている。

神判の一種「決闘裁判」

原告と被告が騎士などの上流階級の者である場合、「決闘裁判」と呼ばれる裁判も行われた。これも原理的には神判の一種で、「神は正しき者の味方」という理屈から、原告と被告を殺しあわせて、生き残ったほうが正しいとする神判である。なお原告も被告も、自分の代わりに戦う代闘士を用意することが許されていた。

ランスロットとメリアガラントの決闘裁判

『アーサー王の死』の作中では、ランスロット（➡p54）とメリアガラント（➡p48）が、「王妃グィネヴィアとランスロットが不倫をしている」という訴えを解決するために決闘裁判を行っている。被告であるランスロットは、まずメリアガラントに通常の決闘で勝利して、神のお墨付きのもと「ランスロットは不倫をしていない」という判決を手に入れたのである。

手負いで命乞いをするメリアガラントに対し、ランスロットは「今ここで殺して復讐したい」と考えていた。だが、戦う意志のない騎士を殺すのは騎士道精神に反する。そこでランスロットは、「兜を外し、左腕を縛り、鎧の左半分を外して戦う」というハンデを提示。やる気になったメリアガラントを決闘で殺すことで、騎士道を守ったまま復讐をなしとげたのだ。

そのほかの円卓の騎士
Independent Knights

　円卓の騎士のなかには、物語中に死亡した、年齢の都合上後半の物語に登場しないなどの理由で、円卓内戦のときの活躍ぶりが描かれていない騎士がいます。
　この章では、円卓内戦のときにすでに死亡・引退していた騎士や、どちらの陣営に属していたかが作中で描写されていない、所属不明の円卓の騎士たちを16名紹介します。

Illustrated by とんぶう

トリスタン

アーサー王の"本当"のお父さん
エクター

欧文表記：Ector　初出：キャクストン版第1巻第3章

アーサー王の即位と欧州統一

円卓の騎士の冒険とロマンス

聖杯探索

アーサー王の死

偉大なる王の育ての親

　アーサー王の遺伝上の父親は、ユーサーという先代ブリテン王である。だがアーサーは実の父親とは一度も会ったことがない。少年時代の彼が、自分の父親だと考えていたのは「エクター」という騎士だった。エクターはユーサー王の忠臣であり、ユーサー王の相談役である魔術師マーリンの策により、王となるべきアーサーの養育を任された騎士である。

　エクターがアーサーの養育を引き受けてからまもなく、ユーサー王は病によってこの世を去り、国は王権を狙う諸侯によって大いに乱れたが、アーサーはエクターに庇護され、立派な青年として育った。

　やがてアーサーが「選定の剣」を抜いて王権を示したことを知ったエクターは、実の息子ケイ（➡p34）とともにアーサーの前にひざまずいた。そしてアーサーの出自や、自身が義理の父となってアーサーを育てた経緯などのすべてを明かし、以降は息子とともに志願し、アーサーの家臣になって彼を支えている。

　アーサーの即位時点ですでに年配となっていたであろうエクターは、物語の序盤でしか戦場での活躍を見せていないが、その働きは父王ユーサーの忠臣という評価に恥じないものであったことを付け加えておこう。

公平誠実な騎士の唯一の「身内びいき」

　アーサーが「選定の剣」を抜いたと知ったあと、エクターはアーサーに対してすべてを明らかにした上で、自身と息子ケイを王の家臣として召し上げてほしいと頼んだのは先述したとおりだ。

　実はこのときエクターはひとつだけ、自身の実の息子であり、アーサーにとっても義理の兄にあたるケイに対する身内びいきを頼んでいた。それは「ケイを全領土の国務長官に取り立ててほしい」というものだ。

　アーサーは当たり前とばかりにこれを快諾し、「私とケイ卿が生きている限り、その役目は誰にもやらせない」と養父に誓っている。

そのほかの円卓の騎士

エクター父上がほんとうの肉親ではないと聞かされたときは、そりゃあもう凹んだのう……。マーリンのやつめ、やつの助言は適確じゃが、人の心を無視することが多過ぎるのじゃ。

アーサー王に完勝した武勇の王
ペリノー王

欧文表記：King Pellinore　別表記：ペリノア王など
異名：吠える怪獣の探求者、奇態な獣を連れた騎士
初出：キャクストン版第1巻第19章

アーサー王の即位と欧州統一
円卓の騎士の冒険とロマンス
聖杯探索
アーサー王の死

アーサーを実力でねじ伏せる

　アーサー王の2本目の剣エクスカリバーは、魔術師マーリンの導きで、湖の乙女から譲り受けたものである。アーサーがこの剣を必要としたのは、剣を折られて一騎討ちに敗れ、彼にふさわしい新たな剣が必要だったからだ。このときアーサー王の剣を折ったのは、のちに円卓の騎士の一員となる王にして騎士、ペリノー王である。

　ペリノー王は「唸る野獣」という獣を追う老練の騎士として登場する。だがアーサー王が彼に馬を譲ったとき「あなたは王の馬に乗るにふさわしい人物なのか」と問われたことから、それを証明すべく泉のほとりに天幕を張り、近くを通る騎士に片っ端から決闘を挑んでは死傷させるようになってしまった。

　陳情を受けたアーサー王は円卓の騎士を何度か派遣するが、全員返り討ちにされた。最終的にはアーサー王自身が出向いたものの、彼でさえペリノー王には敵わなかった。前述のとおり愛剣を砕かれて首をはねられる寸前に魔術師マーリンが乱入、魔術でペリノー王を眠らせたことで、アーサー王は何とか命を拾ったのである。

　そのあと、ペリノー王はアーサーとともに戦うようになり、ブリタニア平定戦争においてはロット王（→p104）を倒して武勲を上げた。しかしそれが仇となり、10年後にロット王の息子であるガウェイン（→p24）に暗殺され命を落としたと言われている。なお「唸る野獣」の追跡はパロミデス（→p62）が受け継いだ。

騎士道に反した王の末路

　マーリンをして「彼より偉大な騎士はこの世にいない」と言わしめたペリノー王だが、その素行には問題が多い。なかでもペリノー王の運命を決めた特に軽率な行動としては、助けを求める乙女を無視したことが挙げられるだろう。

　逃げる騎士を追跡していたペリノー王は、その途中で乙女に助けを求められたが、騎士道に反してこれを無視してしまう。ペリノー王を恨んだ乙女は死の間際「もっとも助けが必要な時に、誰からも助けてもらえなくなる」という呪いを掛けたのだ。そしてペリノー王は呪いのとおり、親友に裏切られて命を落とした。

そのほかの円卓の騎士

ペリノー王自身も知らぬことでしたが、このとき王が見捨てた乙女とは、王と一夜をともにした女性が産んだ、ペリノー王の娘でした。王は実の娘を見殺しにするという業を背負ったのですな。

illustrated by 河内やまと

貴婦人を主君と奪いあう
トリスタン

欧文表記：Tristan、Tristram　別表記：トリストラムなど
異名：悲しい生まれ、怒れるライオン　初出：キャクストン版第2巻第8章

アーサー王の即位と欧州統一
円卓の騎士の冒険とロマンス
聖杯探索
アーサー王の死

竪琴と剣で愛を語る

　トリスタンは、ランスロット（➡p54）、ラモラック（➡p86）と並んで円卓の騎士最強の3人に数えられる騎士である。ただ強いだけでなく、芸術と野外活動にもすぐれた才能を発揮し、竪琴の演奏と詩においては並ぶ者がなかった。また、狩猟に関する高い技術と深い知恵を持っているため、後世になって狩猟の解説書のことを「トリスタンの本」と呼ぶようになった、と作中には書かれている。

　トリスタンという名前には「悲しい生まれ」という意味がある。彼はとある領主の息子として生まれたが、彼を生んだことが原因で母親が亡くなったため、死の間際の母親からこの名前をつけられた。

　トリスタンの物語の核となっているのは、「美しきイゾルデ」と呼ばれる貴婦人を巡る恋のさや当てである。彼の主君であり、権力を使ってイゾルデを妻にしたマーク王や、イゾルデを愛する異教徒の騎士パロミデス（➡p62）らと争いながら、トリスタンは「美しきイゾルデ」との不倫愛を貫くのだ（➡p132）。

本来の伝承に見られる恋の結末

　トリスタンは、もともとアーサー王伝説とは無関係の伝承の主人公だった。『散文のトリスタン』と総称されるトリスタン物語は、すこしずつアーサー王伝説に取り込まれていき、トリスタンは円卓の騎士だという設定が付け加えられることになった。『アーサー王の死』の作者トマス・マロリーはトリスタンが特にお気に入りだったようで、トリスタン物語のひとつである長編『トリスタンとイゾルデ』の内容を、まるまる全部『アーサー王の死』に取り込んでいる。そのため『アーサー王の死』のうち実に1／4以上が、トリスタンの物語だけで占められるという結果になっている。

　『散文のトリスタン』におけるトリスタンの最期は『アーサー王の死』（➡p133）とは大きく異なる。金髪のイゾルデ（美しきイゾルデ）にしか治せない瀕死の重傷を負ったトリスタンが、愛しい彼女の到着を待ちわびていたところに、嫉妬した妻「白い手のイゾルデ」に「金髪のイゾルデは来ない」と嘘をつかれ、絶望して死ぬのである。

トリスタン様は「無駄なしの弓」という、一撃必中の武器、または必殺技を身につけていたとする文献がありますの。これについてはシリーズ書籍「萌える！神聖武器事典」でご紹介してますよ。

詩人騎士トリスタンのライバル
マーハウス

欧文表記：Marhaus　別表記：モルオルト、マロース、モロルドなど
初出：キャクストン版第4巻第17章

- アーサー王の即位と欧州統一
- 円卓の騎士の冒険とロマンス
- 聖杯探索
- アーサー王の死

アイルランドの勇猛な騎士

マーハウスはアイルランド王妃の弟であり、トリスタン（➡p72）の恋人である「美しいイゾルデ」の叔父（文献によっては兄）である。冒険の途中で何人もの円卓の騎士と立ち会ってことごとく負かし、自身も円卓に列せられた強者(つわもの)だ。

マーハウスは旅の途中のガウェイン（➡p24）やユーウェイン（➡p88）と馬上槍試合を行ってたちまち落馬させ、また午前中は力の増すガウェインを相手に日が落ちるまで打ち合いを続けて勇猛のほどを見せつけた。作中では、この戦いに対して「ガウェインよりマーハウスの方が強い」と付記されている。

マーハウスとトリスタンの死闘を描いたステンドグラス。1862-63年、ダンテ・ガブリエル・ロセッティ作。

さらにマーハウスは、ある伯爵に依頼されて巨人を退治している。感謝した伯爵に「領地を半分与えよう」と言われたが、受け取らなかった。ただし巨人のたくわえていた財宝はきちんと入手し、おかげで生活に困ることはなかったという。

なお物語中では女嫌いとも取れる言動を取っているが、これは騎士を惑わす魔女が嫌いなのであり、善良な貴婦人に対しては敬意を払う人物である。

マーハウスはアイルランドとコーンウォールが紛争状態となったとき、アイルランド代表としてコーンウォール代表のトリスタンと決闘して敗死した。そのあとトリスタンが円卓の騎士になると、かつてマーハウスが座っていた席が与えられた。

悲恋伝説の名脇役

マーハウスは、ウェールズの伝承『トリスタンとイゾルデ』の登場人物であり、物語ごと『アーサー王の死』に取り込まれたキャラクターだ。ウェールズ伝承のマーハウスはただのやられ役といった感が強く、上記のように優秀な騎士として描かれる『アーサー王の死』版とは大きく違うキャラクター性になっている。

作中では「フランスの本によれば、マーハウスはトリスタンとの戦いの際、武器に毒を塗っていたらしい」と書かれております。この「フランスの本」とは、上で紹介した『トリスタンとイゾルデ』のことですな。

そのほかの円卓の騎士

illustrated by 六角連火

ぶかぶかコートの新鋭騎士
ラ・コート・マル・タイユ

欧文表記：La Cote Male Tayle　別表記：ブルーノ、ブレウノールなど
本名：ブルーノ・ル・ノワール（Breunor le noir）
初出：キャクストン版第7巻第27章

アーサー王の即位と欧州統一
円卓の騎士の冒険とロマンス
聖杯探索
アーサー王の死

大きなコートは仇討ちの宣誓

　円卓の騎士ラ・コート・マル・タイユの名前は、「不格好にコートを着た男」という意味である。彼は殺された父親の仇を討つ誓いの証として、金の布地で作られた立派なコートを着ているのだ。しかし父の形見でもあるこのコートは、まだ若い彼には大きすぎたため、毒舌の騎士ケイ（➡p34）によって悪意あるあだ名で呼ばれることになった。本名はブルーノ・ル・ノワールという。

　初登場時のブルーノは若く未熟で、馬上戦闘を苦手としており、その技量不足をほかの円卓の騎士からも心配されていた。しかし魂のほうは立派な騎士であり、凶暴なライオンに襲われても恐れずに対処し、ただひとり剣を抜いて、正面からの一撃でライオンの頭を両断した。こうして年長者にも負けない勇気と剣技を見せ、ブルーノは円卓の騎士として認められるようになった。

　のちにブルーノは、ある乙女が持ち込んできた世界でもっとも困難な冒険「黒い盾の冒険」に名乗りを上げた。ブルーノは数々の困難に遭いながらも、仲間たちに助けられながら冒険を達成する。この冒険のあいだ、冒険を持ち込んだ乙女は何かにつけて彼を罵っていたのだが、それは「若過ぎるブルーノの命を心の底から心配し、冒険をあきらめさせようとした」ためだということが判明し、彼と乙女は相思相愛となる。このあとブルーノは、冒険のなかで攻め落としたペンドラゴン城をアーサー王から拝領。乙女と結婚し、ここで彼の物語は終わる。

王道だからこそおもしろい

　ラ・コート・マル・タイユことブルーノの冒険物語の骨子は、世界中で見られる神や英雄の冒険譚の一種として挙げられるものだ。この場合は「名前や身分を伏せた、あるいは自身の出自を知らない無名の若者が、冒険の末に最高の栄誉や貴婦人の愛を得る、または高貴な血筋や身分にある者と判明する」という内容が当てはまる。

　マロリー版『アーサー王の死』では、「ボーメン（美しい手）」ことガレス（➡p28）が、ブルーノとほぼ同じ筋書きの冒険を行っている。

そのほかの円卓の騎士

ところでキャリバーン、父親の仇とやらはどうしたのじゃ？　……物語の最後に「仇は討てました」と書いてあるだけ、とな？　なんで数行ですませる、むしろそこがクライマックスではないか！

illustrated by 鈴穂ほたる

彼には知恵という武器がある
ディナダン

欧文表記：Dinadan　異名：たけり狂うウルフ
初出：キャクストン版第7巻第27章

機転と口撃に優れた騎士

　ほとんどの円卓の騎士にとって、強さとは武力と勇気である。だが、このページで紹介する騎士ディナダンはすこし変わっていて、武勇だけでなく頭脳戦でも立ち回る、円卓きっての智将である。

　王や仲間たちからは「優しく賢い立派な騎士」と評価されるディナダンは、視野が広く、仲間への配慮やとっさの機転に定評がある。誰かをからかったり冗談を飛ばして味方のムードをよくしたり、敵を侮辱するときも思わず「うまい」と言ってしまうような凝った方法を使う。もちろん戦闘技術が劣るわけではなく、アーサー王はディナダンの武勇を狼に例えて高く評価している。

　ディナダンの名前と活躍は、トリスタン（→p72）とパロミデス（→p62）が、美しいイゾルデを巡る戦いを繰り広げる章で多く見られる。彼はトリスタンと非常に親しい仲であり、行動をともにすることが多いからだ。

　彼は過酷な運命を背負ったトリスタンを助ける最大の仲間であり、トリスタンの宿敵マーク王が彼を侮辱すれば、マーク王の悪口を満載した歌を作詞してハープ弾きのエリオットに教え、その歌をマーク王の前で歌わせて仕返しとする。トリスタンが落ち込んでいれば、あえて彼を侮辱することで奮い立たせた。トリスタンの冒険と武勲は、ディナダンなしでは成り立たなかったことだろう。

殺されたのか生き延びたのか

　ディナダンは聖杯探求の最中に、切れ味の良過ぎる皮肉を浴びせられて彼を憎んでいたモードレッド（→p40）とアグラヴェイン（→p26）に、卑劣かつ邪悪なやり方で殺害された、と記述されている。

　しかし、アーサー王伝説研究では聖杯探求よりあとに発生したとされる「アリーの治療（→p64、145）」という出来事で、傷の治療に挑戦した数多くの騎士のなかにディナダンの名前がある。ディナダンは実は殺されてはいなかったのか、それとも作者マロリーが死んでいることを忘れていたのか、その理由は明らかではない。

ちなみにこやつ、ある馬上槍試合で「女装したランスロットと戦って落馬し、そのまま森に連れ込まれ、女装させられて」試合場に戻ってきたことがある。さすがディナダン、笑わせてくれるわい！

ベイリン・ル・サヴァージュ

聖杯探索のきっかけをつくった二刀の剣士

欧文表記：Balin　別表記：バリン
異名：双剣の騎士、2本の剣を帯びた騎士、蛮人ベイリン、野蛮なベイリンなど
初出：キャクストン版第1巻第18章

アーサー王の即位と欧州統一
円卓の騎士の冒険とロマンス
聖杯探索
アーサー王の死

2本の剣を持つ「双剣ベイリン」

　「誰にも抜けなかった剣を引き抜く」というのは、ヨーロッパ北部の神話において「引き抜いた人間の地位や身分を証明する」ための、物語の定番ギミックだ。ベイリンは『アーサー王の死』の物語中、アーサー王（➡p18）、ガラハッド（➡p82）と並び、このイベントを達成した数少ない騎士である。

　ベイリンが物語に登場するのは序盤、アーサー王が即位したばかりでブリテン島さえ統一できていなかった時期である。アーサー王の城に「すべての徳を兼ね備えている、優れた騎士にしか抜けない剣」を持った乙女がやってきた。その剣は数多くの騎士たちどころか、アーサー王でさえ鞘から引き抜けなかったのだが、たまたまその場に居合わせたベイリンは、あっさりと剣を抜き放ってみせたのだ。

　剣を持ってきた乙女は感激し、ベイリンを優れた騎士だと褒め称え、引き抜いた剣を返してくれるよう頼むのだが、ベイリンは拒否。乙女に「その剣には持ち主が愛する者と、持ち主を破滅に導く呪いが掛かっている」と説明されたものの、ベイリンはますますおもしろがって剣を自分のものにしてしまった。

騎士の運命は次世代への布石

　腰に2本の剣を差すようになったあと、紆余曲折を経てベイリンはアーサー王の城から追放されてしまう。放浪の旅に出たベイリンだったが、ペラム王（物語中では漁夫王とも呼ばれる）という人物（➡p143）を激怒させてその居城で戦闘となり、偶然、城内に安置されていた聖遺物「ロンギヌスの槍」を振るってしまう。このことに怒った神によって3つの国が焦土と化し、槍で傷付けられたペラム王は、決して癒えない傷に苦しみ続けることとなってしまった。

　ベイリンは大きな罪を背負ったまま、剣の呪いに導かれて実の弟と決闘になり、乙女の説明どおり相討ちとなって死亡した。ベイリンの死後、乙女の剣は魔術師マーリンに回収されてどこかに保管されていたが、後年に今度はガラハッドの手で引き抜かれ、彼が聖杯に触れる資格を持つ騎士だと示す役割を果たしている。

そのほかの円卓の騎士

ベイリン様は、引き抜いた乙女の剣を着服したり、問答もせずに宿敵の首をはねたり、かなりの乱暴者として描かれています。だから「蛮人」なんていう、良くない異名で呼ばれているのかもしれませんね。

純粋培養の神聖騎士
ガラハッド

欧文表記：Galahad　別表記：ギャラハッド、ガラハド、ガラードなど
異名：世界で最も偉大な騎士　初出：キャクストン版第2巻第19章

- アーサー王の即位と欧州統一
- 円卓の騎士の冒険とロマンス
- **聖杯探索**
- アーサー王の死

聖杯を授かる最高の騎士

　ガラハッドはアーサー伝説において「聖杯の騎士」として知られている。彼はランスロット（→p54）の息子なのだが、父がある女性に魔法で騙された結果として生まれた子供で、父子の触れ合いの場面はあまりない。『アーサー王の死』では、父ランスロットすら上回る、世界で一番優れた騎士だと名言されている。

　ガラハッドは聖杯探求物語の始まりにおいて、アーサー王の城にやってくるなり、座った者に災いをもたらす円卓の「危難の席」に何事もなく座り、続いて城の近くに流れ着いた岩に刺さっていた、誰にも引き抜けなかったベイリンの破滅の剣（→p80）を引き抜いてみせた。しかもこの剣は彼が身に付けていた空っぽの鞘にぴったりと納まったのだ。これを見た円卓の騎士た

19世紀に描かれたガラハッド。イギリスの象徴派の芸術家、ジョージ・フレデリック・ワッツ画。

ちとアーサー王は「彼こそが聖杯探求を成し遂げる存在なのだろう」と感嘆する。

　果たしてそのとおり、ガラハッドはパーシヴァル（→p84）、ボース（→p56）と合流し、数々の困難と試練の末に聖杯探求の冒険を成し遂げるのである。

　聖杯を手に入れたのち、3人はサラスという街で1年ほど過ごし、ガラハッドは聖杯に導かれて昇天、現世での短い生を終えた。その後パーシヴァルは彼の死に殉じ、冒険の顛末はボースによってアーサー王に伝えられることになる。

聖杯物語のためにつくられた騎士

　ガラハッドは、「聖杯探求の物語の都合で作られた、完全無欠の存在」である。ラブロマンスや騎士たちの確執を赤裸々に描いている『アーサー王の死』において、有名な騎士たちはみな不倫、嫉妬、名誉欲、謀略などの罪に汚れており、清らかな者の前にあらわれる聖杯にたどりつく資格を持っていないのである。

「なにかに刺さった剣を抜く」エピソードは、『アーサー王の死』に3回出て来ますが、使い手があらかじめ剣に合う鞘を持っていたのはガラハッド卿のみです。特別な騎士であることを強烈にアピールしていますな。

聖杯探索の裏主人公
パーシヴァル

欧文表記：Perceval、Percival
別表記：ペレスヴァル、パルジファル、パルチヴァール、パーシバルなど
初出：キャクストン版第1巻第24章

アーサー王の即位と欧州統一
円卓の騎士の冒険とロマンス
聖杯探索
アーサー王の死

聖杯と聖杯の騎士に殉じる

パーシヴァルは、純粋無垢の聖騎士ガラハッドの同行者として、聖杯探索の冒険を成功させた若き騎士である。父は偉大なペリノー王（➡p70）であり、最強の騎士ランスロット（➡p54）と戦って引き分けるなど、華々しい血筋と戦歴の持ち主である。

聖杯降臨のシーンを描いた絵画における、パーシヴァルとボース。

またパーシヴァルは「聖杯探求を成功させた騎士のひとり」として知られている。ほかの騎士たちが次々に脱落していくなか、聖杯に選ばれた騎士ガラハッド（➡p82）、もうひとりの成功者ボース（➡p56）とともに聖杯を見付け出すことに成功した。

聖杯がガラハッドとともに昇天したのち、パーシヴァルは剣と鎧を捨てて隠者となり、庵で聖なる生活を送るようになった。そして昇天から1年2ヶ月後にこの世を去り、亡骸は姉とガラハッドの側に埋葬されたという。

手柄はもともとパーシヴァルのもの

『アーサー王の死』では「聖杯探求を成功させた騎士のひとり」として扱われているパーシヴァルだが、著者マロリーが参考にしたであろう『ペルスヴァルまたは聖杯の物語』『パルチヴァール』などでは、実はパーシヴァルこそが聖杯探求を成し遂げた騎士だった。役目や立場を丸ごとガラハッドに取られた形なのである。

さらにマロリー版でのパーシヴァルは、「ペリノー王の息子」以外の出自がほとんど語られていない。だが先述の作品では主人公らしく、生い立ちから幼少期、騎士になる経緯、数々の冒険など、パーシヴァルという人物が色濃く語られている。それら物語においてのパーシヴァルは、少年時代に森を遊び場として野山を自在に駆け巡っていたためか、甲冑を着たまま鐙も踏まず馬に飛び乗る、投げ槍の一撃のみで騎士を殺すなど、常人離れした身体能力を持っている。

名前からわかるように『ペルスヴァル』『パルチヴァール』は、パーシヴァル様を主人公にした作品でした。なのに『アーサー王の死』では脇役に降格させられて、ちょっとかわいそうですね。

そのほかの円卓の騎士

怒りと恨みに翻弄された勇者
ラモラック

欧文表記：Lamorak　初出：キャクストン版第1巻第24章

円卓の騎士の三強のひとり

　武勇優れる強者ぞろいの円卓の騎士だが、なかでも最強と称されるのはランスロット（➡p54）、トリスタン（➡p72）、そしてこのラモラックの3人だ。彼は数々の武勲を挙げているのはもちろん、ある戦いでは500人の騎士を打ち負かしたという、常人離れした戦歴を持つ豪傑である。

　ラモラックは当初、トリスタンとは不仲だった。原因はささいな勘違いで、ある試合でトリスタンが「疲れ果て弱っている騎士と戦うのは騎士道に反する」とラモラックとの対戦を拒否したことが原因である。ラモラックはこの配慮を「お前には戦う価値もない」という侮辱ととらえてしまったのだ。

　この勘違いは修正されないまま、ラモラックはトリスタンの愛するイゾルデを侮辱し、彼らはおたがいの侮辱に対する怒りから決闘にまで至ってしまう。だが刃を交えるうちに、ふたりのあいだには相手の武芸に対する敬意の念が生まれはじめる。結果としてふたりは和解し、剣を交えた固い絆で結ばれたのだ。円卓の騎士最強のタッグが誕生した瞬間だった。

人間関係のもつれが死を招く

　ラモラックは武勇に優れた騎士であったが、最後は貴婦人との恋愛と自身の血縁が原因で暗殺されてしまう。彼が愛した女性マーゴースは、アーサー王に反逆したロット王（➡p104）の妃であり、さらにロット王はラモラックの父ペリノー王（➡p70）に戦争の最中に殺されているという、複雑な関係だったのだ。

　ロット王の息子であるガウェイン（➡p24）兄弟は、自分の母親と、父の仇ペリノー王の息子が、男女の関係にあることを快く思っていなかった。それが原因で、ラモラックはガレス（➡p28）を除くガウェインの兄弟たちに寝込みを襲われ、その場で恋人マーゴースを殺されてしまう。ラモラック自身は「武装していない騎士は殺せない」と見逃されてその場では命を拾ったものの、のちに武装して弱っていたところをふたたびガウェイン一味に襲われ、あえなく命を落としたのである。

剣を交えるうちに不仲が改善していくとは、まるでどこかの少年マンガのような展開じゃのう。ほかの仲の悪い騎士たちも、おたがいの強さに敬意を払って関係改善できればよかったんじゃが。

親の因果が子に報い
ユーウェイン

欧文表記：Ywain、Uwain
別表記：イウェイン、オワイン、イーヴァン、イヴァンなど
異名：獅子の騎士、獅子を連れた騎士　初出：キャクストン版第1巻第2章

母の謀略から冒険の旅へ

　ユーウェインは『アーサー王の死』の序盤から登場する騎士だ。飛び抜けて強くはないものの、自分の実力を把握できる冷静さと、格上の騎士に挑戦する勇気を兼ね備えている。ただ彼の母はアーサー王の異父姉にして敵役のモルガン・ル・フェ（➡p142）であり、ユーウェインは母親のせいで苦労している。

　アーサー王は、着用者を焼き殺す呪いのかかったマントをモルガンから贈られたことに怒り、その息子であるユーウェインは信用ならないとして宮廷から追放してしまう。そのあとユーウェインは、心配して追いかけてきてくれた従兄弟のガウェイン（➡p24）、マーハウス（➡p74）とともに放浪し、道中で乙女の依頼を受けてふたりの悪い騎士を倒すなどの冒険をしている。

　のちに疑いが晴れてアーサー王の元へ戻ったあとも、ユーウェインは数々の冒険に参加した。最後は正体を隠してガウェインと戦い、命を落としている。

主役を張って獅子の騎士に

　ユーウェインにはモデルとなった歴史上の人物がいる。レゲッドの王ウリエンの息子で、593年ごろにイングランド軍を破った王である。彼はアーサー王よりあとの時代の人物だが、後年アーサー王の物語群に組み込まれた。

　また、12世紀末フランスの『イヴァンまたは獅子の騎士』は、ユーウェイン（イヴァン）が主人公の物語である。これによれば、泉を守る騎士を倒したイヴァンは、ロディーヌという貴婦人と結婚する。だが結婚してすぐに冒険に出ることになってしまい、ひとまず1年以内に戻ると妻に約束したが、それまでに帰ることができなかったため、妻の愛を失ってしまうのだ。

　妻の愛を取り戻す方法を探すべく、さらに冒険を続けたイヴァンは、大蛇と戦っていた獅子を助ける。すると獅子はイヴァンに恩義を感じたのか、常に彼に付き従うようになり、これによってイヴァンは「ライオンの騎士」と呼ばれるようになった。そしてこの獅子のおかげで、イヴァンはロディーヌの愛を取り戻したのである。

ユーウェイン卿の最期には大きな謎があります。彼が聖杯探索の途中で、なぜ正体を隠してガウェイン卿に戦いを挑んだのか、その理由がどこにも書かれていないのですよ。

そのほかの円卓の騎士

騎士を誘う死体の森の主
アイアンサイド

欧文表記：Ironside　別表記：イロンシードなど
異名：赤い国の赤い騎士　初出：キャクストン版第7巻第2章

愛した貴婦人の名誉に懸けて

　日が昇り正午になるまで徐々に力が増していき、最終的には7人力となる。円卓の騎士ガウェインに似た能力（➡p24）であるが、この能力の持ち主はアイアンサイドという外国の騎士で、もともとは円卓の騎士を憎み敵対していた人物である。

　マロリー著『アーサー王の死』においてアイアンサイドがはじめて登場するのは、ガウェインの弟ガレス（➡p28）の冒険のエピソードである。このときのアイアンサイドは「赤い国の赤い騎士」と呼ばれており、赤一色の装備に身を包み、自身の討伐にやってきた騎士を殺しては、根城としていた森の木々に遺体をぶら下げる、という蛮行を繰り返していた。

　そこへやってきたのが、赤の騎士に幽閉された妹を助けてほしい、という乙女の依頼を受けたガレスである。ガレスはあえてアイアンサイドの力が強い午前中に戦いを挑み、常に圧倒されていたものの、一瞬の隙を突いて勝利をもぎ取った。

　敗北したアイアンサイドは、自身の本名と同時に「今までの行いは、自分が昔愛していた貴婦人から、彼女の兄弟がランスロット（➡p54）かガウェインに殺されたと聞き、その仇討ちを頼まれたため」と、蛮行の理由を明らかにする。関係者からの命乞いもあってガレスはアイアンサイドを許し、円卓の騎士に迎え入れた。

特殊能力の出自はどこ？

　アイアンサイドの「太陽の高さと力が比例する」という能力は、前述のとおりガウェインの特殊能力「朝から正午までは力が3倍になる」とよく似ている。ガウェインは出自がブリテン島の伝承であるから、島の先住民「ケルト人」の太陽信仰に由来することは明らかだ。だがアイアンサイドはブリテン島の外の騎士である。

　アイルランドのアーサー王伝説研究家ローナン・コグランは「アイサンサイドの初出となるガレスの冒険譚は、現在に伝わっていないフランスの物語を下敷きにしているのではないか」と予想している。失われた物語の作者は何を参考にアイアンサイドを創作したのか、もしかするとそれはガウェイン自身なのかもしれない。

アイアンサイド様が仕えた貴婦人の「兄弟が殺された」話、アイアンサイドさんが円卓に加わったあとに全然語られないので、事実なのか勘違いなのか、まるでわからないんです。気になりますね〜。

魔女の恋人になったばかりに……
アコーロン

欧文表記：Accolon　別表記：アコロンなど
初出：キャクストン版第2巻第11章

アーサー王の即位と欧州統一
円卓の騎士の冒険とロマンス
聖杯探索
アーサー王の死

そのほかの円卓の騎士

妖姫に翻弄された騎士

　円卓の騎士アコーロンは、ガリア（現在のフランス）の出身である。
　ある日アコーロン、アーサー王、ウリエン王の3人は、狩りの途中で仲間とはぐれてしまった。運よく屋形船を見つけてそこで一夜を明かすことにしたのだが、3人は魔法と話術でバラバラに引き離された上、アコーロンとアーサー王は互いに相手が誰なのかを知らぬまま、決闘することを了承させられてしまう。
　これはアーサー王を狙う異父姉モルガンの謀略だった。モルガンは、アコーロンに盗んだエクスカリバーを与えてアーサー王を殺させようとしたのだ。アコーロンはモルガンの秘密の愛人で彼女の弟への憎悪を知ってはいたが、主君に刃を向けるまでの覚悟はなかった。そのためモルガンは、アコーロンも一緒に騙したのである。
　決闘はアコーロン優勢で進んだが、乱入してきた湖の乙女にエクスカリバーを奪い返されたことで逆転、ふたりはようやく互いの正体を知った。モルガンが黒幕と知ったアーサー王はアコーロンを許したが、結局、彼は決闘の傷が元で4日後に死去する。その棺はアーサー王によってモルガンの元へと送り届けられた。

失われたエクスカリバーの鞘

　アコーロンの死を知るなり、モルガンもまた動き出した。アーサー王の寝室に忍び込み、エクスカリバー本体こそ奪えなかったものの、鞘を盗んで湖に投げ捨ててしまったのである。エクスカリバーの鞘には「いかなる傷も受けない」という魔法の力があったが、このことでアーサー王は鞘の守りを失ってしまったのだ。
　余談だが、盗んだ鞘を捨てて帰る道すがら、モルガンは偶然出会ったアコーロンの従兄弟の騎士を助けている。愛人を謀略の駒に使った女の、意外な一面であった。

エクスカリバーの鞘を湖に投げ捨てるモルガン・ル・フェ。1903年、ハワード・パイル画。

ワシとアコーロンの戦いでは、エクスカリバーがいかにすごい剣だったのかがよくわかるのう。これが相手に渡っただけで、ワシといえども押さえ込まれてしまうんじゃ。

報われぬ恋と嘆きの騎士
ペレアス

欧文表記：Pelleas　別表記：ペリアスなど　異名：嘆きの騎士
初出：キャクストン版第4巻第18章

真剣な愛が届くとはかぎらない

　ペレアスは、『アーサー王の死』では主にガウェイン（➡p24）のエピソードに登場する騎士である。ガウェインと出会った当時のペレアスは、日常生活でも戦闘中でも常に嘆き悲しんでおり、そこから「嘆きの騎士」と呼ばれていた。

　彼の嘆きの原因は、愛する貴婦人エタードが求愛を受け入れてくれず、さらに彼女がペレアスを憎みさげすんでいたことだった。ペレアスは500人もの騎士が参戦する槍試合において優勝し、その勝利をエタードに捧げて愛を誓ったのだが、エタードはそれすらも受け入れず外国へと逃げてしまい、さらに毎週10人の騎士を刺客に差し向けて、自身への愛をあきらめるよう仕向けていたのである。

　ペレアスは精強な騎士であり、エタードからの刺客を何度も返り討ちにしていたが、ペレアスは一案を思いつき、わざと負けて捕虜になるという方法でエタードとの面会を果たす。だがなおもエタードはペレアスを散々に罵倒し、しつこい求愛者をどうにか追い払おうとするのであった。

　万策尽きたと思われたところでペレアスが出会ったのがガウェインである。ガウェインはペレアスに、もう嘆く必要はないと告げ、自身がペレアスとエタードの仲を取り持つことを約束した。だが美しいエタードをひと目見たところでガウェインは「ペレアスを殺して来た」と嘘をつき、自身がエタードのものになると宣言。あっさりとペレアスを裏切り、ガウェインはエタードと恋仲になるのであった。

嘆きの騎士を救った逆転の魔法

　ガウェインに裏切られ、恋にも敗れたペレアスは嘆き悲しみ、泣きながら自殺を考えさまよい歩いていた。そこにあらわれたのが、湖の乙女のひとりニミュエである。ニミュエは「エタードとペレアスの気持ちが逆転する」という魔法を使い、ペレアスがかつての想い人を嫌うようにして彼の心を救ったのである。これをきっかけとしてふたりは結婚し、ペレアスの物語は終わる。かつて憎んだペレアスに恋焦がれるようになったエタードは、恋慕のあまり死んでしまったという。

ペレアス様が主人公の物語が終わったあとも、ペレアス様はお話に何度か登場していますが、死んだという記述はありません。きっとニミュエさんに見守られておだやかな一生を終えられたんでしょうねぇ。

illustrated by あげきち

考えあっての隠居生活
ボードウィン

欧文表記：Baudwin　初出：キャクストン版第1巻第6章

アーサー王の即位と欧州統一
円卓の騎士の冒険とロマンス
聖杯探索
アーサー王の死

隠者となって医学を修めた

　物語の序盤、アーサーが王となって全ブリタニアを平定するまでの期間は、先代ユーサー王に仕えていた古参の騎士が複数登場する。物語が進むにつれてそのほとんどは姿を見せなくなるのだが、ボードウィンは古参の騎士のなかで、物語が中盤以降になったあとに再登場して活躍した、数少ない騎士である。

　ボードウィンはエクター（➡p68）と同様、ユーサー王が生前に信頼していたお気に入りの騎士のひとりとして名が挙げられている。アーサー王の治世においても、保安武官長を務める、停戦交渉に参加する、軍の最高顧問に任命されるなど、アーサー王からも信頼されていたようだ。ただし戦場においては「すばらしい活躍をした」と触れられているのみで、具体的な描写は見られない。

　そしてアーサー王が全ブリタニアを平定したあと、その時期こそ定かではないが、ボードウィンは偉大な善行のために広い土地と財産を手放し、みずから進んで貧乏になり、いつしか隠者となって暮らしはじめたのだという。

　ボードウィンが再登場するのは、槍試合で致命傷に近い重傷を負ったランスロット（➡p54）が他の騎士に、知人の隠者のところに連れていくよう頼んだときだ。彼の言によればボードウィンは「立派な外科医で内科医としても優れている」とのことで、ランスロットが無事回復したことからもその腕前は確かなようだ。

騎士道物語における「隠者」の役割

　騎士道物語において、隠者は「非常に賢く経験豊富、迷える登場人物をその知恵で助け、ときには忠告を与える」という役割を持って登場することが多い。『アーサー王の死』でも立ち位置はほぼ同じであり、隠者は冒険に挑む騎士の手助けや助言、忠告を行う立場にある。

　もっともわかりやすい例が魔術師マーリンだ。当時の物語において魔術師が同時に隠者である例は珍しくなく、おそらくマロリーは物語を導く便利な存在として、魔術師マーリンを採用したのであろう。

そのほかの円卓の騎士

アーサー様の時代の外科医といえば、大怪我をした手足が腐らないように、根元から切り落とすのが主なお仕事でした。ランスロットさん、手足がなくならなくてよかったですね！

愛の力はなにより強い
エピノグラス

欧文表記：Epinograss、Epinogris　別表記：エピノグリス
初出：キャクストン版第7巻第26章

恋せぬ騎士に愛の一撃

　エピノグラスは、自分の盾に、紺色の斜めの帯というデザインの紋章をつけた騎士である。彼は自身が主役となる物語を持たず、有名な円卓の騎士に比べて強いわけでもない、典型的な脇役キャラクターだ。だが彼は、騎士道物語の重要なテーマである「愛」の力を示す、印象的な活躍を見せている。

　あるときエピノグラスは、円卓の騎士トリスタン（➡p72）と、その親友ディナダン（➡p78）が言い争いをしているところに出くわした。より正確には、トリスタンが全身鎧と兜で正体を隠して「あなたのように誰も愛そうとしない騎士は弱い」とディナダンに喧嘩を吹っかけているところだった。このころエピノグラスは、ブリテン島西部ウェールズ地方の王の娘に恋をしていることを皆に知られていた。そこでトリスタンは、猛烈な恋をしていることで有名な騎士エピノグラスと戦ってみればそれが理解できるだろう、とディナダンをけしかけたのである。

　エピノグラスは突然の挑戦に戸惑いながらも、ディナダンを一撃で馬から突き落とした。そこでトリスタンは「やはり恋する者のほうが強い」という旨を改めて語り、恋心が持つ力の偉大さを証明したのだ。

恋する騎士は引かれあう？

　もっとも、恋による強さは常に発揮されるわけではない。例えばあるときエピノグラスは、戦いによって愛する婦人を勝ち取ったが、のちに戦いに敗れ、その婦人を別の強い騎士に連れ去られるという失態を演じている。

　戦いに敗れて重傷を負ったエピノグラスが、愛する婦人を取り戻せずに嘆き悲しんでいると、そこへ失恋に悲しむパロミデス（➡p62）がやってきて、ふたりはおたがいに嘆きを吐露しあう。そのあと、パロミデスは悲しみを分かち合ったよしみとして、エピノグラスのかわりにその強い騎士を倒し、彼と婦人をふたたび引き合わせたのだ。エピノグラスの恋心は万能ではなかったが、強力な味方を呼び寄せる「力」を持っていたとは言えるだろう。

なにかに夢中になっている騎士は、それを守るために必死で戦うものなんじゃ。貴婦人との恋愛、おおいに結構！
……ただしグィネヴィアに手を出すことは許さんぞ、王命じゃ！

騎士物語のハテナ？ その④ キリスト教の「聖遺物」とアーサー王物語

『アーサー王の死』のメインテーマに、聖遺物のひとつ「聖杯」の探索があります。『アーサー王の死』には、ほかにも多くの聖遺物が登場しますので、ここでひとつ「聖遺物」についてご説明しておきましょう。

聖遺物とは、「キリスト教の聖人に由来のある物品」のことを指す。例えばイエス・キリストの処刑に使われた「聖十字架」や「聖釘」、その遺体を包んだ「聖骸布」、聖人が死後に残した「遺骨」などがよく知られているところだ。

これらの聖遺物には不思議な力が秘められていると信じられており、古来から聖遺物はキリスト教徒の信仰の対象とされてきた。中世ヨーロッパの教会は、教会に聖遺物があるかないかで参拝者の数が変わるため、こぞって聖遺物を集め、ときには「新しい聖遺物を作り出した」という。

聖杯のレプリカ。14世紀に作られたもの。撮影：Joanbanjo

「ロンギヌスの槍」と「聖杯」

『アーサー王の死』には、聖人にまつわる聖遺物が多く登場するが、そのうち現実世界でもよく知られているのは「聖杯」と「ロンギヌスの槍」の2点である。聖杯は「キリストが最後の晩餐で使った」あるいは「処刑されたキリストから流れ出した血を受けた」とされる杯である。そしてロンギヌスの槍は「処刑されたキリストの死亡確認のため、その遺体を刺した槍」のことだ。

作中において、ロンギヌスの槍はペラム王（→p143）に苦痛と解放の奇跡を与え、聖杯は瀕死の騎士の治癒、立ち会った人々を満腹にする、ガラハッド（→p82）を昇天させるなど、多くの奇跡を見せている。

ちなみにアーサー王伝説には初期のころから「聖なる杯」が登場していたが、これは本来キリスト教とは関係なく、ブリテン島の伝説によく見られる深皿のようなものだった。この「聖なる深皿を求める冒険」の物語が、後世になってキリスト教的に改造された結果、現在の聖杯探索の冒険ができたと考えられている。

あの聖杯、もともとはブリテン島の神話のアイテムじゃったか。どんな力があるんじゃ？ なになに、無限に食糧が出たり、負傷者や死者を再生するとな……。のうヴィヴィアン、わしゃこっちのほうが……。

わー！ わー！ そこから先は言っちゃダメです〜！
アーサー様は「キリスト教徒の理想の王」ってイメージで売ってるんですから！ イメージ壊すようなことを言わないでくださいませ！

『アーサー王の死』以外の騎士
Knights in old Arthurian Legends

　ここまでは、アーサー王伝説の集大成である『アーサー王の死』に登場する円卓の騎士たちを紹介してきましたが、『アーサー王の死』以外の作品にも、アーサー王の騎士が多数存在します。
　この章で紹介する5人の騎士は、いずれも『アーサー王の死』より古い作品にのみ登場したり、『アーサー王の死』では円卓の騎士以外の立場で登場するキャラクターです。

Illustrated by とんぷう

緑の騎士ベルシラック

緑の騎士の首切りチャレンジ
ベルシラック

欧文表記：Bercilak（Green Knight）　異名：緑の騎士
出典：『ガウェイン卿と緑の騎士』（14世紀　作者不詳）

- アーサー王の即位と欧州統一
- 円卓の騎士の冒険とロマンス
- 聖杯探索
- アーサー王の死

ガウェインに試練を与えた怪物

ベルシラックは緑一色の外見を持つ騎士であり、それゆえ「緑の騎士」という異名を持つ。巨人と見間違えるほどの立派な体格、髪の毛は肘まで、ヒゲは胸元まで伸び、前髪は顔の半分を隠している。片手にひいらぎの枝、もう片手には刃渡り1メートルを超える巨大な戦斧を持った、まさに異形の騎士である。

ベルシラックが登場する14世紀の作品『サー・ガウェインと緑の騎士』によれば、アーサー王と円卓の騎士の新年パーティ会場にベルシラックがあらわれ、一同に「首切りゲーム」を持ちかける。それは「緑の騎士の首を切り落としてよい。もし緑の騎士が無事なら、次は緑の騎士が相手の首を切り落とす」というものだ。

ガウェインと対峙する緑の騎士。大英図書館所蔵、14世紀なかごろの写本より。

勇敢なガウェイン卿（→p24）がゲームに名乗りをあげ、緑の騎士の首を切り落としたが、なんと緑の騎士は、平然と自分の首を拾い上げる。そして「次は自分が首を切る番だから、1年後に会いに来い」と言い残して去ったのだ。

1年後、ガウェインは死の恐怖を乗り越えて、緑の騎士に会いに行く。ガウェインは緑の騎士にいさぎよく首を差し出すが、緑の騎士は首にかすり傷を負わせるだけで寸止めし、ガウェインの勇気を讃えた。実は緑の騎士の正体はベルシラックという城主で、魔法で姿を変えられ、首を落とされても死なないようにしたうえで、騎士の勇気を試す役目を与えられていたのだ。

ケルト神話から発展した物語

「首切りゲーム」のエピソードは、ガウェインの物語がオリジナルではない。この物語構成は、アーサー王伝説よりも古い、アイルランドの英雄クー・フーリンの伝説にすでに見られる。それが後年、ガウェインの物語に流用されたようだ。

ガウェインのやつの首にかすり傷がついたのは、緑の騎士の城で、その妻から「身に付けていれば決して傷を負わない」という魔法の帯を受け取り、"守りに入った"罰だそうじゃ。ちょっと厳しすぎやせんかの？

円卓の騎士から不倶戴天の敵へ
ロット王

欧文表記：King Lot、King Loth　別表記：ロト王
出典：ブリタニア列王史（著：ジェフリー・オブ・モンマス）、
アーサー王の死（著：トマス・マロリー）　初出：キャクストン版第1巻第2章

アーサー王の即位と欧州統一
円卓の騎士の冒険とロマンス
聖杯探索
アーサー王の死

反アーサー王陣営のリーダー格

　『アーサー王の死』のロット王は、ブリテン島北部のスコットランドのさらに北にある、オークニー諸島を領有する王だった。王妃マーゴースとのあいだに生まれた息子たち、ガウェイン（➡p24）、ガヘリス（➡p30）、ガレス（➡p28）、アグラヴェイン（➡p26）らは、のちに著名な円卓の騎士になるが、ロット王は最後までアーサーをブリテンの王とは認めなかった。

　ロット王は自分を含めて11人の王による連合軍を結成し、アーサー王軍と戦った。やがて戦いが膠着して連合軍は退却せざるを得なくなり、ロット王は自身の妃マーゴースを使者としてアーサー王の宮廷に送り込むのだが、このとき物語を大きく動かす大事件が発生する。アーサー王はマーゴースの美しさに心を奪われ、一夜をともにしてしまうのだ。実はマーゴースはアーサー王の異父姉であり、この近親相姦の罪によって、不義の息子モードレッド（➡p40）が生まれてしまう。

　この一件でロット王のアーサーに対する敵意は決定的なものとなった。戦争は長く続き、ロット王は最終的にペリノー王（➡p70）によって倒されたという。

『ブリタニア列王史』ではアーサーの部下だった

　12世紀ごろの書物『ブリタニア列王史』に登場するロット王は、『アーサー王の死』とは違って、アーサー王の味方として活躍している。

　アーサー王の父ユーサー王の時代、ヨーロッパ大陸から異民族サクソン人が大艦隊を率いてブリタニアに攻め込んできたとき、ロット王は病気のユーサー王の代わりに指揮権を与えられ、扱いづらいブリトン人を率いてよく戦ったという。そしてロット王は、ユーサー王の娘（アーサー王の妹）アンナを妃としてふたりの息子を得たとされる。次代のアーサー王との関係も良好で、アーサー王は次に得た領土をロット王の息子に与えることを考えていた、という描写も見られる。

　このようにロット王が有能だったからこそ、『アーサー王の死』のロット王は、アーサー王の強さを引き立てる敵役とされてしまったのかもしれない。

ロット王は『ブリタニア列王史』ではアーサー様の部下、すなわち円卓の騎士なのに、『アーサー王の死』では円卓の騎士ではないので、この「『アーサー王の死』以外の騎士」の章に入れさせていただきました。

『アーサー王の死』以外の騎士

小さな身体に大きな力
エヴァデアン

欧文表記：Evadeam　異名：ドワーフ・ナイト
出典：《Dwarfs Of Arthurian Romance And Celtic Tradition》
（著：Vernon J.Harward）

- アーサー王の即位と欧州統一
- 円卓の騎士の冒険とロマンス
- 聖杯探索
- アーサー王の死

小人の騎士と愛する女性の物語

　エヴァデアンは、アーサー王伝説に登場する騎士のなかでも異色の存在だ。彼は人間よりも身長がかなり低い、小人（ドワーフ）の騎士なのである。

　この小柄な騎士が登場するのは、『アーサー王の死』の作者トマス・マロリーが、自分の物語に採用しなかった、とあるフランスのアーサー王伝説である。

　もともとエヴァデアンは、ハンサムな人間の男性だった。ところが若い魔術師から恨みを買ってしまい、魔法で醜い小人の姿に変えられてしまったのである。彼を救ったのは Byanne（バイナンまたはベインヌ）という女性だった。彼女は醜い小人になってしまったエヴァデアンをアーサー王の宮殿へと連れて行き、彼を騎士として取り立ててほしい、と願ったのだ。

　アーサー王は、自分が見込んだ若者であれば比較的気軽に騎士の位を与える傾向があるが、さすがに突然やってきた怪しい小人を騎士に任ずるわけにもいかず、エヴァデアンに腕試しをさせることにした。そこでエヴァデアンは、小さな身体からは想像もつかない勇気と力を見せ、皆を驚かせたのだ。晴れて円卓の騎士となったエヴァデアンは「ドワーフ・ナイト」と呼ばれ、恩人の Byanne とは恋仲となる。

　そして時が経ちエヴァデアンが22歳になると、小人化の魔法は解け、彼は元通りの人間の姿となり、ハンサムな顔も取り戻したという。

ガウェインの受けた謎のとばっちり

　エヴァデアンの魔法が解け、元の姿に戻る前のことである。円卓の騎士ガウェイン（→p24）は「あなたは次に出会った人物と同じ姿形に変化する」という予言を受けていた。お約束の展開ではあるが、この予言を受けたガウェインはエヴァデアンと出会って小人の姿になってしまうのだ。

　この変化は、エヴァデアンに掛けられた魔法が、どういうわけか一時的にガウェインに移されたものであったらしく、のちに「ガウェインは小人になってしまったものの、しばらくあとに元の姿に戻っていた」と語られている。

騎士物語にいきなりドワーフが出てきて、面食らった方もいるのでは？ですがアーサー王伝説には、魔法も妖精も巨人もおりますので。現代で言うところのファンタジー作品なのです。

愛する人との約束は破れない
ランヴァル

欧文表記：Lanval　別表記：ランベイル
出典：物語詩『ランヴァル』（12世紀フランス　著：マリー・ド・フランス）

- アーサー王の即位と欧州統一
- 円卓の騎士の冒険とロマンス
- 聖杯探求
- アーサー王の死

貧乏騎士と秘密の恋人

　フランスの物語に登場する騎士ランヴァルは、『アーサー王の死』には登場しないが、物語『ランヴァル』に円卓の騎士の一員として登場するオリジナルキャラである。

　ランヴァルは王家の血筋だったが継承権を得られず、円卓の騎士の末席に甘んじていた。正当な実力が認められず、毎日を悶々と過ごしていたこの貧乏騎士は、ある日、美しい妖精の姫と恋人どうしとなり、彼女に多くの財産を与えられて裕福になったのだ。しかし彼女は「自分の存在を秘密にする」ことを約束させていた。

　姫の助力によって装備を調え、見違えるような立派な騎士となったランヴァルは、宮廷でアーサー王の妃グィネヴィアに誘惑されてしまう。だがそれを拒絶するときに、ランヴァルは「自分の恋人は王妃より美しい」と口にしてしまった。

　侮辱されたグィネヴィアは「ランヴァルから自分に言い寄ってきた」と嘘の告発をしてランヴァルに復讐しようとした。ランヴァルが身の潔白を証明するためには恋人を連れてくるしかないのだが、ランヴァルには約束を破ることはできない。だが裁判の最後に恋人が駆けつけて、真実を明かしてくれたのだ。釈放されたランヴァルが、恋人とともにアヴァロンを目指して旅立ったところで物語は終わる。

吟遊詩人が語るアーサー王伝説

　12世紀のフランスでは、アーサー王伝説が「レイ」という物語詩の形で謳われた。

　アーサー王はブリテン人だが、アーサー王伝説のレイは海を渡ったフランスでも人気があった。12世紀ごろのフランス宮廷では、愛や魔法、冒険の物語は理想の娯楽だったのである。レイの作者としてはマリー・ド・フランス（「フランス生まれのマリー」という意味）という女性が有名で、『ランヴァル』は彼女の作品のひとつなのだ。

『ランヴァル』の作者マリー・ド・フランスの肖像画。フランス国立図書館蔵の彩色写本より。

　自分の名誉や命よりも、姫との約束を守る忠義の騎士。貴婦人のみなさんは、さぞこのお話に熱中したでしょうね。アーサー様の伝説には、このように宮廷のご婦人向けに作られたお話がたくさん入っているんです。

ウェールズ限定の「円卓の騎士」
キルッフ

欧文表記：Culhwch, Kulhwch　別表記：キルフフ、キルフッフなど
出典：『マビノギオン』（編：シャーロット・ゲスト）

- アーサー王の即位と欧州統一
- 円卓の騎士の冒険とロマンス
- 聖杯探索
- アーサー王の死

呪いの恋は真実の愛に

　ブリテン島西部に位置するウェールズ地方は、『アーサー王の死』よりも古いアーサー王伝説が残る地域だ。ウェールズの伝説『キルッフとオルウェン』には、アーサーのウェールズ語読みである「アルスル」という王が登場し、主人公キルッフを自分の騎士にする。アルスルはすなわちアーサー王のことだから、キルッフもアーサー王の部下、つまり広義の「円卓の騎士」なのだ。
　『キルッフとオルウェン』は、キルッフという少年が自身に掛けられた呪いを克服し、愛する人を勝ち取って幸せになる物語である。
　キルッフに掛けられた呪いは「巨人の長イスバザデンの娘オルウェンを勝ち取るまでは、他のどのような女性にも触れられない」というものだ。どこにいるともしれない女性に恋をしたうえ、相手は人間を好まない巨人族の娘である。まだ若いキルッフには大きすぎる試練であるため、キルッフは親戚のアルスル王に助力を求めた。要請を受けた王はキルッフの髪を整え（ウェールズでは整髪は親密な関係、特に血縁関係を認める意味を持つ）、試練への助力を惜しまない、と約束してくれた。
　しばらくは王の使者たちが娘を探すが見つからず、キルッフはアルスル王に仕える6人の騎士たちと冒険の旅に出る。そして娘のいる巨人の砦へと辿り着くと、巨人イスバザデンから出された「娘を嫁にやる条件」を、仲間の騎士やアルスル王など数多くの助力もあってすべて満たし、みごとオルウェンを勝ち取るのである。

「円卓の騎士」の母体がそこに

　アーサー王物語の原型という視点から見ると、『キルッフとオルウェン』の登場人物には注目すべき者が多い。アルスル王の家臣であり、キルッフの冒険に同行した騎士たちの多くは、ガウェインらブリテン島出身の「円卓の騎士」の原型なのだ。
　騎士カイは円卓のケイ（➡p34）、ベドウィルはパーシヴァル（➡p84）、グワルッフマイはガウェイン（➡p24）の原型である。彼らは『アーサー王の死』では見られない独特の特殊能力を持ち、キルッフを支える心強い仲間たちである。

> キルッフ様の名前は「豚の囲い」という意味です。妊娠中の王妃様が、豚を見てパニックになり、その場でキルッフさんを出産したからだそうで……あまり知りたくなかった名前の由来ですね……。

騎士物語のハテナ？その⑤ 『アーサー王の死』の武器

騎士物語といえば、戦い。戦いといえば、騎士たちが愛用する武器の話が欠かせませんな。ここではアーサー様と円卓の騎士が使う武器について、一席語らせていただきましょう。

アーサー王の「2本の」エクスカリバー

『アーサー王の死』において、アーサー王はエクスカリバーと呼ばれる剣を2本手に入れている。まず1本目は、アーサーが石から引き抜いた「輝く選定の剣」。2本目は湖の乙女からもらった「不死身の鞘の剣」だ。

1本目の剣には「剣身が強い閃光を放ち、敵の目をくらませる」力があるが、それ以上に「アーサーの王権を証明する」という、舞台装置的な役割が大きい。アーサー王がこの剣を戦いに使ったかどうかは不明だが、もしそうである場合、この剣は物語序盤、ペリノー王（➡p70）とアーサー王の対決で失われている。

2本目の剣は、ペリノー王に剣を折られたアーサー王に、湖の乙女が授けたものだ。この剣は切れ味鋭く、振るう者の戦闘力を倍増させているかのような描写（➡p92）も見られるが、もっとも重要なのは「鞘を持つ者に不死の力が宿る」ことである。ただしこの鞘は、ヨーロッパ平定戦争という早い段階でモルガン・ル・フェ（➡p142）に捨てられ、以降のアーサー王は不死の力を失っている。

ガウェインの剣、ランスロットの剣

ガウェイン（➡p24）は「ガラティン（ガラチン）」という名剣を持っている。敵を盾と分厚い鎖かたびらごと叩き切るほどの斬れ味を誇るようだが、作中からそれ以上の情報は読み取れず、外見や由来などの詳細は描写されていない。

一方で『アーサー王の死』において、ランスロット（➡p54）は名前のある剣を持っていない。現代ではしばしば「アロンダイト」という剣の名前が挙がるが、これはアーサー王とは関係のない14世紀の作品『ハンプトンのビーヴィス卿』で「かのランスロット卿が火竜退治に使った剣」と紹介された名剣の名前であり、アーサー王伝説の作品群に、この剣の名前が登場することはない。

ガラハッドの聖杯装備

ガラハッド（➡p82）が聖杯に辿り着くまでのあいだに、ガラハッドは少なくとも3本の剣と1枚の盾を手に入れている。聖人アリマタヤのヨセフが使っていたという「赤い十字の入った呪いの白い盾」、岩に突き刺さっていた「ベイリンの破滅の剣（➡p80）」、優れた者以外は所有を許されない「ダビデ王の剣」、そして聖杯の城でガラハッドが修理した「聖杯の剣」である。これらはいずれもガラハッドと一行でなければ入手不可能か、作中でガラハッドにしか所有できなかった聖なる品物であった。

忘れないで！『アーサー王伝説』が描いた世界

**アーサー王の世界
物語・人物の章**……115

**アーサー王の世界
歴史・文化の章**……147

それにしてもワシの部下たちも
ずいぶんたくさんいたもんじゃな。
顔と特技はなんとなく思い出したが、
やつらとどんな冒険をしとったかのう……

あら、そういえば
「どのような騎士だったか」は
お話ししましたけど、
アーサー様とどんな冒険をしたのかは
お話ししていませんでしたね。
申し訳ありません、
すぐに準備いたしますね〜！

アーサー王伝説をもっと知るために！

さてキャリバーンさん、アーサー様の偉大さを知っていただくには、どこからお話するのがいいでしょうね？

アーサー様と騎士の皆様の物語はもちろん、物語をとりまく現実世界の事情も知っていただきたいですな。つまりこの2点となりましょう。

"『アーサー王伝説』が描いた世界"は2章立て！

物語やキャラを知る！

112ページまでの記事では、アーサー王と円卓の騎士たちの人物や特技などに特に焦点を当てて紹介してきました。最初の章では、『アーサー王伝説』の物語そのものについて、その全体像を紹介します。

物語・人物の章　p115へ！

お話ができた背景を知る！

『アーサー王伝説』は、その誕生から数百年かけて成長し、完成したあとも数百年語り継がれてきた、長い歴史を持つ物語です。この章ではその成長の歴史と、文化としての楽しみ方を紹介します。

歴史・文化の章　p147へ！

なるほど、ワシはどちらからでもよいぞ？
酒も注いだし肉も焼けた。準備は万端じゃ。

もう、すっかり宴会気分なんですから。
わたくしたちばかりにお話させないでくださいよ？ アーサー様自身が、みなさんにご自身のすごさを伝える場なんですから！

アーサー王の世界 物語・人物の章

**オギャア！ からアーメンまで
アーサー王の人生**……116

円卓の騎士の物語……126

**知らなければ語れない！
「アーサー王伝説」の超！ 重要人物名鑑**……140

「アーサー王の死」の円卓の騎士総覧……144

さて最初は、
アーサー様と騎士の皆様方がなしとげた、
偉大な武勲と恋愛の物語を
知っていただきましょう。
これは、世界をとりこにした
英雄譚にございます。

オギャア！からアーメンまで
『アーサー王』の人生

それにしてもすごい人数でしたね、円卓の騎士の皆様。
しかも、ご自身が主役になる物語を持っている方だけでも両手の指より多いんですから驚きです。どのお話も面白いですし……。

むむむ……待たんかヴィヴィアン！

えっ、どうされましたかアーサー様？
お昼ご飯はもうすこし後ですけれど……。

年寄り扱いするでない！
そういうことではなく、騎士ではなくワシの話をすると言っておるのだ。

わかっておりますとも。
アーサー王伝説の主人公は、あくまでアーサー様です。
まずはアーサー様のお話から始めなければ筋が通りませんからね。

ここからも『アーサー王の死』メインですぞ！

最初にお話ししたとおり、『アーサー王伝説』にはいくつものバリエーションがあります。それゆえに、アーサー様の人生の描かれ方も、作品によって千差万別になっております。

カラーページと同様、ここからの記事でも、物語や設定については『アーサー王の死』という作品で描かれたものを紹介してまいります。別作品のことを語るときはそう言いますので、よろしくお願いしますぞ？

誕生から最期まで……波乱に満ちた人生

それではまず、アーサー様が生まれてから、地上世界での最期を迎えられるまでの人生について、おおまかな流れを確認していただきましょう。アーサー様の生涯は、おおむねこのようなものでした。

誕生！

剣を抜き、王に即位

王の息子という身分を告げられずに育ったアーサー王が、不思議な剣を石から引き抜いたことで、新たな王となります。

p118へ！

ヨーロッパ統一戦争

アーサーの王位を認めない諸侯を倒してブリテン島を統一し、大陸のローマ帝国を倒して、アーサーは全世界の王となります。

p120へ！

安定期

アーサーの王国が安定していた時代。アーサーは冒険をやめ、騎士たちが活躍します。

p126へ！

円卓内戦

アーサー王の妻である王妃グィネヴィアの不倫をきっかけに、円卓の騎士を二分する内戦が勃発します。

p122へ！

アヴァロンへ去る

内戦中に反乱した騎士モードレッドを討伐する戦いで致命傷を受けたアーサー王は、現世を離れ異世界アヴァロンに去ります。

p124へ！

おお、そういえばこんな順番じゃったか。
まあ、話しておればだいたい思い出すじゃろう。世界でもっとも偉大なこのワシの人生、とくと聞くがよい。ガッハッハ！

117

アーサー王の人生① 剣を引き抜き、王に即位

ブリテン島の王、ペンドラゴン（竜のごとく偉大な者）の異名を持つユーサー王には隠し子がいました。その名はアーサー。
自分の出生を知らず、騎士の子として育ったアーサーは、やがて亡き父のあとを継いでブリテン島の王になるのです。

 ### ブリテン王ユーサーの"略奪婚"で誕生

アーサー王の父であるユーサー（➡p141）は、ブリテン島の南部、イングランドを統治する王でした。

ユーサーは反抗的な領主を討伐していましたが、イングランド南西部のコーンウォール地方を討伐するとき、領主の妻イグレインが非常に美しく賢い女性だということを知り、彼女が欲しくなりました。ユーサーは魔術師マーリン（➡p140）にこのことを相談すると、マーリンは魔法と策略でユーサーの願い（領主に変装しての夜這い）を叶え、対価に「イグレインに産ませた子供の養育をマーリンに任せる」ことを求めました。

領主を倒してイグレインを奪ったユーサーは、その初子アーサーをマーリンに預け、マーリンはアーサーを騎士エクターの養子にして育てさせました。

1921年、少年向けの『アーサー王伝説』紹介本に描かれた、アーサーを連れ出す魔術師マーリン。アメリカ人画家 N・C・ワイエス画。

アーサー王の家系図

ユーサー王はティンタジェル公を戦争で殺害すると、公妃イグレインを奪って王妃とし、アーサーを産ませました。

魔術師マーリンとの約束により、ユーサーは我が子アーサーを部下のエクター卿に預け、その正体を隠しました。

「選定の剣」で国王に選ばれる

　アーサーが生まれてから2年後、父ユーサーが病死すると、イングランドでは長く国王不在の状況が続きました。ユーサーは、自分の息子アーサーが「みずから名乗り出て正当な権利を要求したときだけ」王位を与えると遺言していたからです。

　一方でエクター卿の子として育ったアーサーは、15歳のとき、教会の境内に置かれていた「石に刺さった剣」を引き抜きます。この国を継ぐ者だけが引き抜けるという剣を抜いたことで、アーサーは無自覚なまま、自分が正当な王位継承者であることを証明したのです。

「石に刺さった剣」とは？

　ユーサー王の宮廷に近い教会の境内に置かれていた剣。石には「この剣を、石の金床から引き抜いた者は、全イングランドの正当な王として、この世に生まれた者である」と書かれていました。
　特定の資格者しか引き抜けない剣というのは、欧州の騎士物語によく登場する定番のギミックです。

　アーサー様の剣と言えば、鞘に不死化の魔力がある「エクスカリバー」ですな。
　これは「石に刺さった剣」とは別の剣でございます。
　アーサー様の剣については112ページのコラムにくわしいですぞ。

逆らう領主を倒し、ブリテン統一へ

　アーサーは「石に刺さった剣」を引き抜いたことで、自身がユーサー王の息子であり、この国の正当な王であることを証明しました。ですがブリテン島の貴族諸侯のなかには、ただ剣を引き抜いただけのアーサーを王として認めない者がいました。そこでアーサーとその部下たちは、数年間で敵対者を屈服させ、ブリテン島の南半分であるイングランド地方と、ブリテン島西部のウェールズ地方を統一しました。

　こうして諸侯を屈服させたアーサーですが、内心ではアーサーに敵意を捨てていない者もおり、アーサーは今後も国内の騒動に悩まされることになります。

　ほう、やるのうワシ。たった数年間で2地方を統一するとはの。
　……むむ、しかし、こんなにはやく国を統一してしまったら、やることもないのではないか？　もう「めでたしめでたし」になっとる気がするんじゃが……。

次の人生へ行こう！

アーサー王の人生②
ブリテン王から世界の王へ

　イングランドとウェールズを統一し、ブリテンの王となったアーサー王は、その統治を確固たるものにするため各地を冒険します。そのなかで、大陸を支配するローマ帝国が、アーサー王に、貢ぎ物を献上して支配下に入るよう要求してきました！

アーサー王の大冒険

　表面的にはブリテンを統一したアーサー王でしたが、その内情は、反乱の機会をうかがう諸侯、反抗的な騎士などを多く抱える不安定なものでした。アーサーは、あるときは単身騎士として冒険をし、あるときは王として軍隊を動かすことで国内に残る多くの問題を解決して、すぐれた武器や優秀な部下を増やしていきます。

冒険騎士王アーサーの武勲の数々

ペリノー王との死闘
　単身で旅をし、ペリノー王と一騎討ち。戦いには敗れますが、部下たちは王が勇敢な騎士であることを喜びました。
「騎士たちの敬意」GET！

名剣エクスカリバー
　冒険中に剣を折ったアーサー王は、湖の乙女から、名剣エクスカリバーと、持ち主の身を守る魔法の鞘を手に入れます。
「エクスカリバー」GET！

たくみな外交
　アーサーは他国の領主であるバン王とボース王に助力を約束し、国内の反乱鎮圧時に両王の援軍を手に入れます。
「バン王 & ボース王」GET！

アーサーの巨人退治
　フランス北部で、7年間にわたって民を虐殺し喰い殺し続けていた巨人に、単身で挑戦して討伐しました。
「フランスの民の信頼」GET！

　このように、アーサー王は優れた統治者として、また勇敢な騎士として活躍をつづけました。結果としてブリテン島はみなアーサー王の国として安定し、アーサーは国外に目を向ける余裕が生まれたと言えます。

アーサーの結婚と「円卓の騎士」の誕生

ブリテン島の反乱勢力が弱体化したのをきっかけに、アーサー王は妻を迎えます。その相手はグィネヴィア姫。かつて父ユーサーの部下であり、ユーサーから「円卓」を預かっていた、ロデグランス王の娘でした。

ロデグランス王は嫁入りの贈り物として、この円卓をアーサーに贈りました。アーサー王の騎士団は円卓の騎士団となり、若くて有能な騎士を数多く加えて、世界最強の騎士団として発展していくのです。

1912年出版の『The Legends of King Arthur and His Knights』より、アーサーとグィネヴィアの結婚。

思えば、このときアーサー様が別の方を妻に迎えていれば、そのあとの不幸は起こらなかったのでしょう。マーリン殿も、王妃様がランスロット卿と不倫することになると予言しておられましたし。しかし、恋は盲目ですからなあ。

アーサー王のブリテン島統一と前後して、王宮には大陸の大国であるローマ帝国から、貢ぎ物を差し出してローマ帝国に降伏しろと、たびたび使者がおとずれていました。アーサー王はそれを拒絶していましたが、ブリテン島の諸侯がローマとの戦争を決意したことを受けて、ローマとの全面戦争と、皇帝を倒し自分が皇帝になることを決断。10万を超える大軍で海を渡り、ローマ帝国の領土に遠征したのです。

ローマ帝国のルーシャス皇帝（→p143）は、アーサー王を上回る大軍と、多くの巨人兵をしたがえてアーサー王の軍勢を迎撃します。やがて双方の主力が激突すると、アーサー王は戦場で奮戦するルーシャス皇帝に一騎討ちを挑んで勝利しました。アーサーはそのままローマに入り、ローマ皇帝に即位して世界の支配者となったのです。

はっはっは、ワシと勇敢なブリテンの騎士に対して無礼をはたらけば、ローマ皇帝ですらこうなるのじゃ！……む、ところでヴィヴィアンよ。ワシはたしかにローマ皇帝になったが、なぜ「世界の支配者」なんじゃ。他の国もあろうに。

このころのヨーロッパの人たちにとって、世界というのは、ヨーロッパと中東と北アフリカのことです。インドや中国は、遠すぎて「世界」のなかには入っていないですし、アメリカ大陸は存在すら知られていないのですよ。

ローマ皇帝に即位したことで、アーサー様の王国は安定期に入ります。このころからアーサー様は物語の表舞台から退き、円卓の騎士たちの物語が始まるのですが……それは126ページ以降にまかせて、引き続きアーサー様のお話をしていきましょう。

次の人生へ行こう！

121

アーサー王の人生③
円卓内戦

世界を統一したアーサー王の国は安定していましたが、その内部には不協和音が鳴り響いていました。王たるアーサーと、もっとも有力な騎士であるランスロットの人間関係に、埋めることのできない亀裂が生じつつあったのです。

"鞘"の喪失、王妃の不倫

アーサー王の王国は、優秀な騎士、助言者マーリン、不死身の力を与えるエクスカリバーの鞘、という3本の柱に支えられていました。しかしローマ帝国戦の前の時期に、アーサーは義姉モルガンの策略でエクスカリバーの鞘を奪われ、マーリンが痴情のもつれから行方不明となり、3本の柱のうち2本が折れていました。

ランスロットと密会するグィネヴィア。1850年の作品。

そして最後の柱も砕け散ってしまいます。マーリンが予言していたとおり、騎士ランスロットが王妃グィネヴィアと不倫し、それが別の円卓の騎士によって暴かれてしまいます。不貞の罪を犯した王妃は火あぶりの刑となりますが、ランスロットが刑場に乱入し、護衛の騎士を殺して王妃を救出。ここに最後の柱であった円卓の騎士の結束は、完全に崩壊したのです。

悲劇の内戦

アーサー王は有力で忠実な騎士であるランスロットを罰したくありませんでした。ですがランスロットが王妃を救出するとき、円卓の騎士の重鎮ガウェインの親族を殺害しており、ランスロット討伐を求める騎士たちの声を抑えられませんでした。

アーサー王の軍はフランスに渡ってランスロットの領地に攻め込み、激しく戦って多くの死傷者を出します。しかもアーサー王が留守にしていた本国で、留守を任せていた騎士モードレッドが反乱を起こしてしまったのです。

これまでなんの問題もなく王国を運営しておったのに、悪いことが重なりすぎだと思わんかのう……ああ、言われんでもわかっとる。マーリンのやつの助言を無視したからだと言いたいんじゃろう！

122

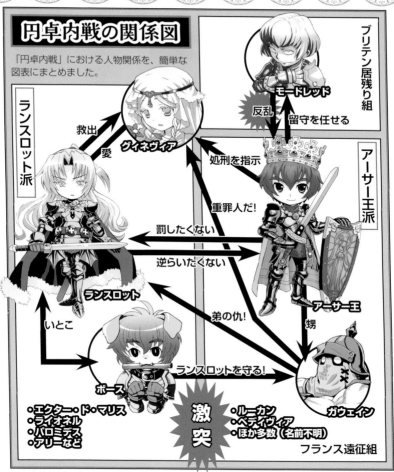

アーサー王の人生④ アーサー王の死

もっとも人望厚く、すぐれた騎士であるランスロットの離反。信頼する甥ガウェインの死。息子であるモードレッドの離反。

これまで積み重ねてきた因果が巡り、アーサー王の人生は、急速に終わりの時へと近づいていくのです。

アーサー王最後の戦争「カムランの戦い」

アーサー王の庶子、つまり相続権を持たない子供として信頼を受けていたモードレッド。ですがモードレッドは「アーサー王はランスロットに殺されたので、自分が跡を継ぐ」という嘘の情報を流して王位に就きます。

アーサー王は急いでブリテン島にとって返し、何度かの戦いや和平交渉の失敗をへて、モードレッドの軍と「カムランの丘」と呼ばれる場所で決戦を行います。両軍は相討ちになってほぼ全滅し、アーサー王はその手でモードレッドを討ち取ったものの、自身も頭部に致命傷を負ってしまいました。

愛槍ロンゴミニアントでモードレッドの腹を貫くアーサー王。イギリス人画家アーサー・ラッカム画。

アーサー王、アヴァロンに眠る

モードレッドとの一騎討ちで致命傷を負ったアーサー王は、自分の人生の終わりを自覚し、身辺整理をはじめます。それは若きころ、湖の乙女から授かった名剣エクスカリバーを、湖に返すことでした。

その役目を託された側近ベディヴィアが、剣が失われるのを惜しみ、「剣を捨てた」と嘘をついてはアーサー王に叱られました。未練を断ち切って剣を湖に投げ入れると、3人の「湖の乙女」が船に乗ってあらわれました。乙女たちはアーサーの傷を癒すために、アーサー王を伝説の島アヴァロンへと運んでいったのです。

瀕死のアーサー王を迎える湖の乙女たち。イギリス人画家エドワード・バーン＝ジョーンズ画。

アーサー王復活の伝説

そうか、ワシはモードレッドのやつと相討ちになったのか。
まあ、ベディヴィアのやつに伝えたように、いまは傷も治ってぴんぴんしておるわけじゃが……そのあとはどうなったんじゃ？

『アーサー王の死』には、致命の傷を癒すために異世界アヴァロンに向かったアーサー王が、傷が癒えたあとにどうするつもりだったのかは書かれていません。むしろ直後にアーサー王とおぼしき墓が発見され、彼が死んだことが示唆されています。

しかしイングランドの言い伝えでは、アーサー王は死んでいません。イングランドが国家存亡の危機に立たされるとき、アヴァロンで傷を癒したアーサー王があらわれ、イングランドの危機を救うと信じられていました。この言い伝えは、21世紀の今でも広く知られている有名なものです。

グラストンベリー修道院（→p158）のアーサー王の墓には、かつてこの地にアーサー王の遺体が埋葬されていたと書かれている。

トマス・マロリーが書いたというアーサー様の墓碑には、「ここに、かつての王にして未来の王なるアーサーは眠る」と書かれていたそうですな。
「未来の王」、つまりアーサー様が復活するという意味でしょう。

まあ、ワシが出て行くような危機は、イギリスには訪れておらんようじゃからの。
「第二次世界大戦」はヤバかったが、アメリカとやらの助力で切り抜けておるし……これからもワシを隠居させておいてくれよ。

アーサー様、ありがとうございました。
これにて、アーサー様がこの世に生を受けてから、現世での活躍を終えるまでの物語を終わらせていただきましょう。

我がことながら波瀾万丈の人生じゃなー。
まあ、充実した人生と言ってよかろうな。男は太く短くじゃ！

わたくしは、もっと長生きされればよかったと思うのですけれど……。
ともあれ、アーサー様が主役となる物語の紹介はこれでおしまいです。
次はもうひとりの主役、円卓の騎士の物語にまいりましょう。

む、あやつらの活躍を語るとな？
……ワシ的には、自分の人生をだいたい思い出せて、もうだいぶ満足なんじゃが。

もう！ そんなこと言わないでください！ 騎士のみなさんのお話にも、『アーサー王伝説』の大事なお話がたくさんあるんですから。
さあ、「円卓の騎士」の皆さんのお話をはじめますよ？

「円卓の騎士」の物語

さあアーサー様？
ここからはアーサー様ではなく、アーサー様に仕えた円卓の騎士の皆様の物語を語っていただきます。
知らんふりしないで、ちゃんとお願いしますね？

わかっとるわい、自分の人生を思い出せて満足したのは事実じゃが、ワシに仕えた部下たちのことを「どうでもいい」などとは思わんわい。
まったく、ワシをなんだと思っとるんじゃ。

ついさっき、騎士の皆様のお話をスルーしようとしたばかりではないですか。
ランスロット様のお話や、ガラハッド様の聖杯探索のお話は、アーサー様ご自身の話と同じくらい重要です。しっかりお願いしますぞ。

ワシの人生と同じくらい重要、じゃと！？
それではワシが「その他大勢」みたいではないか……はぁ、なんぞ急にやる気が失せてきたわい……。

ああっ、アーサー様しっかりしてください！
キャリバーンさんも、そういう言い方は失礼ですよ〜っ!!

「円卓の騎士」の詳細は、12ページでチェック！

　円卓の騎士の皆様の物語を紹介する前に、まず「円卓の騎士」とは何なのかをあらためてご説明しておきましょう。円卓の騎士とは、アーサー様に仕える有力な騎士のことです。アーサー様とともに円形のテーブル「円卓」に着席することからこの名で呼ばれております。
　つまり、アーサー様の有力な部下だと考えていただければ間違いありません。もっとくわしい説明は、12ページで行っておりますので、ご確認ください。

126

4人の騎士と重要人物をご紹介!

合計100名を越えるともいわれる円卓の騎士の皆様ですが、主人公として固有の物語を持っていらっしゃるのはその1割、10人前後です。この章では、なかでも特に重要な4人の騎士様の物語と、それ以外の人物をご紹介しますよ。

4人の"中心的"円卓の騎士

- ガラハッド (➡p134)
- ランスロット (➡p128)
- ガウェイン (➡p138)
- トリスタン (➡p132)

その他の重要人物

アーサー王伝説の 超!重要人物名鑑
物語中で重要な役割を果たす、アーサー王や「円卓の騎士」以外の人物を紹介します。

p140へ!

『アーサー王の死』の 円卓の騎士総覧
『アーサー王の死』のなかで、円卓の騎士であることが確実な騎士を紹介します。

p144へ!

円卓最良の騎士 ランスロットの物語

まずはこの子の物語からご紹介しましょう。
百人を越える「円卓の騎士」のなかで、もっともすぐれた騎士。
アーサー様に匹敵する人気を誇る、ランスロットです。
ええ、実はこの子は、わたくしが預かって育てた子なんですよ。

ランスロット　基本データ

出身地：フランス北西部ブルターニュ地方
　父　：ベンウィックのバン王
養　親：湖の乙女ヴィヴィアン
出　典：『ランスロまたは荷車の騎士』
初登場：キャクストン版第4巻第1章

当然のように円卓の騎士として登場

『アーサー王の死』におけるランスロットは、たいした前触れもなく唐突に、円卓の騎士のひとりとして作中に登場します。そのためランスロットの生い立ちは、『アーサー王の死』にはほとんど描写されていません。

これは当時のフランスにおいて、ランスロットがあらためて説明する必要もない、騎士道物語でおなじみのキャラクターだったことが原因と思われます。

ランスロットの生い立ち

ランスロットの生い立ちは、彼の物語が生まれたフランスの騎士物語『ランツェレト』などで語られています。ランスロットはフランスの地方領主「バン王」の息子として生まれましたが、赤ん坊のころにヴィヴィアンという湖の乙女によって誘拐され、年頃になるまで彼女たち湖の乙女に養育されました。そのためランスロットは"湖の"ランスロット」という二つ名で呼ばれることがあります。

……誘拐犯!?　人聞きの悪いことを言わないでください!
ランスロットは、生まれつき「最強かつ最高の騎士」になることが定められていました。だからこれは必要なことだったんですよ～!

ランスロットのひみつ！

超絶イケメン！
ランスロットは美男子であり、その強さや礼儀正しさとあいまって、多くの女性をとりこにしています。

最強の騎士！
ランスロットは「円卓の騎士」のなかで最強候補の筆頭にあげられる騎士であり、馬上でも徒歩でも無類の強さを誇ります。

剣には名前あり？
『アーサー王の死』では、剣の名前は不明ですが、後世の作品で「アロンダイト」という名をつけられています。（→p112）

アーサー王への忠誠
ランスロットには、独立して自分の国を持てるほどの実力がありますが、死ぬまでアーサー王の部下でありつづけました。

生涯ほぼ負け無し！の最強騎士

ランスロットは剣術、槍術、乗馬に長けているのみならず、素手で人間の首をはね飛ばすほどの怪力の持ち主で、さらに生涯の戦歴もほぼ負けなしという、名実ともに最強の騎士です。

また騎士としての行動や立ち振る舞いも完璧で、仲間の窮地を見過ごせない性格です。これらの強さと性格から、ランスロットはアーサー王のみならず、同僚である円卓の騎士たちからも絶大な信頼を寄せられていました。

ランスロットの主な戦歴

・巨人2体と同時に戦って殺す
・追われている騎士ケイ（→p34）に変装し、何十人もの追っ手を倒す
・正体を隠して最強クラスの「円卓の騎士」たちと戦い全勝
・ドラゴン退治に成功
・500人あまりの騎士を3日間で全員打ち負かす

人格も実力も完璧じゃな。
こういう男だからこそ、ワシはランスロットのことをもっとも重用しておったんじゃ。ヴィヴィアン、こんな騎士をよく育てたの。お手柄じゃ。

ええ、そのように育つとわかっていましたとも。
……ですがこの子にも弱点がありまして……恋は盲目、一途すぎるのです。
しかも相手が……ああっ、もう‼ 相手が悪すぎるんです！

女泣かせなランスロット

騎士道をゆく騎士に、貴婦人との恋はつきものです。
ですがランスロット、騎士と貴婦人との恋は、プラトニックなものですよ。
なんでアーサー様の奥様と、肉体関係をもってしまっているんですかぁ‼

アーサー王妃グィネヴィアとの禁断の愛

強さ、礼儀作法、ハンサムと三拍子そろったランスロットは、多くの女性の視線を集めました。そんな彼が生涯で唯一、ただひとり愛した女性は、なんと「主君アーサー王の妻」である王妃グィネヴィアでした。

王妃から受けた取り計らいへの感謝がきっかけで、もともと王妃はアーサー王と同様に忠誠の対象であったのですが、その感情は徐々に愛へと変わっていきました。王妃もランスロットを愛し、ふたりは長年に渡り、のちに破滅へとつながる逢瀬を重ね続けるのです。

不倫発覚後、ランスロットと王妃が城へと逃げる場面。アメリカの画家、N・C・ワイエス画。

"王妃一筋"に翻弄された女性たち

数多くの女性に慕われ、それを振り払ってきたランスロットですが、そのなかでも「アストラットのエレイン」と「カーボネックのエレイン」という、ふたりのエレインにまつわる物語が広く知られています。

アストラットのエレインは、ランスロットに恋をしたものの、愛の告白を受け取ってもらえず、恋わずらいで亡くなった女性です。ランスロットへの想いがつづられた手紙を握りしめた遺体は小舟に乗って王宮に流れ着き、アーサー王一行は、彼女の悲恋を大いに悲しみました。

一方カーボネックのエレインは、魔法で王妃グィネヴィアに化けてランスロットを騙し、彼との子供を作ったしたたかな女性です。この件を知った王妃はランスロットを浮気者とののしります。これにランスロットは発狂、一時行方不明になってしまいました。

小舟に乗った「アストラットのエレイン」。イギリスの画家、ジョン・W・ウォーターハウス画。

普段はあんなに完璧じゃというのに、グィネヴィアがからむとコロッと騙されるんじゃからな。ちなみにこのとき「カーボネックのエレイン」という娘が生んだのが、134ページで紹介するガラハッドじゃ。

聖杯探索でのランスロット

　王妃に罵倒され発狂、2 年ものあいだ行方不明となっていたランスロットですが、「聖杯探索」の物語で登場する（→p134）聖杯の力により正気を取り戻しました。
　ランスロットは、目の前に出現した聖杯に触れられなかったことを悔み、さまざまな試練を受けて聖杯にたどり着こうとしたのですが、聖杯を前にしながら、それを見ることさえ叶わず気絶してしまいました。この子は間違いなく優秀な騎士ですけれど、名誉欲が強いですし、王妃様と不倫しちゃってますから……聖杯のお眼鏡にかなわないのはしょうがないですね。

 ## 不倫発覚と内輪揉めの戦争

　やがて 14 人の騎士によって、ランスロットはついに不倫の現場を押さえられてしまいます。ランスロットは口封じとして目撃者の皆殺しを図ったのですが、ただひとりモードレッド（→p40）が逃げ延び、ことは明るみに出ます。

　王妃は激怒したアーサー王により火あぶりの刑が決まりますが、刑の執行直前、ランスロットが彼を慕う騎士とともに刑場に乱入、王妃を救出します。逃げ延びたランスロット一派と王妃は城に立て篭もり、アーサー王軍対ランスロット軍の内乱（→p122）が始まりました。

王妃の処刑場へ乱入するランスロット一派。これにより、アーサー王とランスロットの対立は決定的なものとなる。イギリスの画家、ウィリアム・ハザーレル画。

 ## ランスロットの最期

　アーサー王がランスロット軍との戦いを中断して国に帰ったあと、モードレッドと相打ちになったことを知ると、ランスロットは嘆き悲しみ、アーサー王のために戦えなかったことを大いに後悔しました。
　その後ランスロットは出家し、昼夜を問わず贖罪の祈りを捧げ続けました。のちに王妃も亡くなると、しばらくのちに病気によって亡くなりました。命を落とす前、ランスロットはほとんど飲食をしていなかったといいます。

 英雄は幸せに死ぬことができない、などとよく言いますけれど、この子は典型的な例ですね。ところでランスロット？　上では"いい話"っぽくしておきましたけど、アーサー様が亡くなって、後悔してシスターになった王妃様をここぞとばかりに口説きまくってたこと、わたくしは知ってますからね？

131

悲恋の騎士 トリスタンの物語

円卓の騎士のなかでもっとも高く評価されているのはランスロット殿だが、それに次ぐのはこのトリスタン殿であろう。
眉目秀麗、文武両道。
もっとも、女難の相まで良く似ているようですがな。

ランスロット　基本データ

出身地：リオネス国（ブルターニュ地方、またはコーンウォール地方）
**　父　**：リオネスのメリオダス王
出　典：『散文のトリスタン』　　　　　　　　**初登場**：キャクストン版第8巻第1章

コーンウォールの騎士トリスタン

　トリスタンは、リオネスという国のメリオダス王の子です。母エリザベスはイングランド南西部、コーンウォールを支配するマーク王の妹です。母親は彼を産んだ直後に死亡したため、「悲しい生まれ」という意味の「トリスタン」と名付けられました。
　終生の恋敵となるマーク王は、トリスタンにとって主君であると同時に、叔父と甥の関係でもあります。ですがマーク王の妻となる女性はことごとくトリスタンと不倫関係を結ぶため、ふたりの仲は常に険悪なものでした。

美しきイゾルデを巡る男たちの争い

　美しきイゾルデを巡るトリスタンの恋愛物語は、『アーサー王の死』に収録されているさまざまなエピソードのなかで、もっとも長い物語です。
　この物語では、マーク王の妻となる美しきイゾルデと、媚薬の誤飲によって彼女と相思相愛となるトリスタン、そして美しきイゾルデを愛する異教徒の騎士パロミデスの、三つ巴とも言える愛憎劇、そして謀略、冒険、戦いの物語が繰り広げられるのです。

トリスタンと美しきイゾルデが、誤って媚薬を飲み干してしまうシーン。イギリスの画家、ジョン・W・ウォーターハウス画。

トリスタンのひみつ！

ランスロットと並ぶ最強騎士
円卓最強と名高いランスロットに匹敵する強力な騎士です。「円卓の騎士で一番力が強い」と評価されたこともあります。

音楽と詩の達人
芸術的才能に関しては円卓随一であるトリスタン。並ぶ者なきハープの達人として知られるほか、すぐれた詩人でもあります。

一流の狩人
トリスタンは騎士としてだけではなく、狩人としても一流の技術を持っており、弓矢や罠、鷹狩りの技術にも精通しています。

戦いの結末とあっけない最後

数々の争いや謀略戦ののち、マーク王とトリスタンはアーサー王の計らいで和解し、トリスタンは思い人と同名の「白き手のイゾルデ」と結婚します。ですがトリスタンは恋心を忘れられず、美しきイゾルデと駆け落ちしてしまいます。

３年ほど幸せな日々を送ったふたりですが、不義の蜜月を続けることはできず、トリスタンは美しきイゾルデをマーク王に返して国へと戻ります。その後ライバルのパロミデス（➡p62）をキリスト教徒に改宗させると、トリスタンは物語から完全に姿を消します。

イギリスの画家エドモンド・レイトンによる絵画。背後に見えるのはマーク王。

トリスタンの名前が再登場するのは、ランスロットの不倫が発覚した直後です。ここで「トリスタンは美しきイゾルデの目の前で、マーク王に背後から心臓を貫かれ殺された」と、その末路が伝聞形式で片手間のように語られます。

ワシが部下から聞いたトリスタンの話はこうじゃが、世のなかにはだいぶ違ったトリスタン物語も知られておるようじゃの。
もっとも、そっちのほうはワシはまるで知らん！　知りたければ72ページを読み返しにいくか、そこのヴィヴィアンにでも聞いてみるがよかろう。
任せたぞ、ヴィヴィアン？

133

無垢なる騎士 ガラハッドの物語

わたくしが育てたランスロットの息子、ガラハッドくん。
ランスロットは主君の奥様と不倫してしまう困った子でしたが、ガラハッドくんはパパのいいところだけを受け継いだようなピュアな騎士に育ちました。そしてすごいことをなしとげたのですよ。

ガラハッド　基本データ

出身地：カーボネック城（フランス）
父：ランスロット
出典：「ランスロ＝聖杯サイクル」の物語群
初登場：キャクストン版第11巻第4章

最優の騎士ガラハッドの誕生

　ガラハッドの母親エレインは、王妃グィネヴィアに魔法で変装してランスロットを騙し、彼の子を身ごもりました。ランスロットは騙された怒りから彼女を捨て、のちに生まれたガラハッドは幼少期を修道院で過ごしています。

　そのころアーサー王の周辺では、キリスト教徒にとって重要な聖遺物である「聖杯」が、円卓の騎士の周辺にたびたび出現するという事件が多発しており、聖杯を本格的に探索しなければならないという機運が高まっていました。

聖杯とは？

聖杯とイエス・キリスト。一般的に、聖杯はこのような盃の形で描かれる。

　聖杯とは、キリスト教の聖人に関連する物品「聖遺物」のひとつです。『アーサー王の死』の聖杯は「イエス・キリストが十字架で処刑されたとき、流れた血を受け止めたもの」とされているようです。
　作中において聖杯は、姿を見せるだけで数々の奇跡を起こしており、狂気や病を癒やし、瀕死の騎士のケガを一瞬で完治させ、その場に居合わせた人々を香りだけで満腹にさせています。

ガラハッドのひみつ！

聖杯にたどりつく唯一の騎士
「円卓」には多くの誇り高い騎士が所属していますが、聖杯を手にできるのは、無垢なるガラハッドのみと定まっています。

理想的なキリスト教徒
ガラハッドは敬虔なキリスト教徒であり、ほかの騎士たちと違って、女性との性交や殺戮などの「穢れ」に触れていません。

祝福された武具の数々
ガラハッドは、冒険のなかで剣、盾、槍など数々の武具を手に入れますが、それらは神の祝福を受けた神聖なものばかりです。

鳴り物入りで「円卓の騎士」の一員に

聖杯騒動に揺れるアーサー王の宮廷に、ひとりの老人が若い騎士をつれてきました。もちろん、ガラハッドです。

アーサー王の円卓には、資格なき者が座ると災いが起きる「危難の席」がありました。そこは長らく空席になっていましたが、ガラハッドが席に近づくと、危難の席には「ここは貴公子ガラハッドの席である」という文字が浮かびあがり、ガラハッドは難なくその席に座りました。

ガラハッドと危難の席を描いたイラスト。15世紀フランス。

さらにガラハッドは、王宮に流れ着いたものの、誰も引き抜けなかった「石に刺さった剣」を難なく引き抜きました。持ち手部分に「われを石より引き抜く者は、この世でもっとも優れた騎士」と刻まれていたその剣は、ガラハッドが腰に下げていた空っぽの鞘にぴったりと収まったのです。

これだけのことを見せつけられては、誰も文句を言えまい。
ランスロットの息子じゃし、喜んで円卓の騎士に迎えるべきじゃな。
しかし、石に刺さった剣を抜いて認められるとは、ワシのパクリか？

あははは……安心してくださいアーサー様、「石に刺さって誰も抜けない剣」というのは、ヨーロッパの騎士物語につきものの定番ギミックです。
アーサー様の真似っ子というわけではありませんよ。

135

"聖杯"を求める冒険

いよいよガラハッドくんの「聖杯」を求める冒険の始まりですよ。聖杯の探索には円卓の騎士のみなさんがこぞって参加しましたけど、最終的に聖杯を手に入れることになったのはガラハッドくんだったんです。

聖杯の出現と騎士たちの冒険

ガラハッドが王宮に来る前から、円卓の騎士たちの前にたびたび「聖杯」が出現し、ランスロットの狂気（→p130）や、致命傷を負った騎士の傷を癒すなどの奇蹟を起こしていました。そしてガラハッドの円卓加入後、アーサー王の宮廷にも聖杯が出現したのです。

聖杯の探索を主張する騎士たちに対し、アーサー王は乗り気ではありませんでした。探索は危険で、多くの騎士が死ぬと考えたからです。しかし騎士たちの熱意に押し負け、アーサー王は騎士たちに聖杯探索を指示します。出発した騎士のなかには、ガラハッドの姿もありました。

円卓の騎士たちと、円卓の中央に出現した聖杯。15世紀フランスの画家、エブラール・デスピンクス画。

幾多の試練を乗り越えて

ガラハッドは道中にて「赤い十字の入った白い盾」や「ダビデの剣」など、数々の聖遺物を入手していきます。

騎士たちにはしばしば神からの啓示が下り、彼らはそれに従って行動します。導きはつねに正しく、会うべきときに会うべき人物に出会えるのです。ガラハッド、ボース（→p56）、パーシヴァル（→p84）、そしてパーシヴァルの姉は神の啓示に従い、数々の冒険のなかで、右のような試練を乗り越えていきます。

ガラハッドが達成した試練の一例

- 「アリマタヤのヨセフ」という聖人の遺物である、白い盾の呪いを解く
- 悪の騎士を打ち倒し、悪習を破壊
- パーシヴァルの姉の髪の毛で編んだ布と引き換えに、『旧約聖書』に登場するユダヤ人の王ダビデの剣を入手。
- 神の導きにより、父ランスロットとともに半年間冒険をする。
- 故郷カーボネック城で折れた剣を修復
- 漁夫王ことペラム王（→p143）の、決して癒えない傷を癒す

ガラハッド、パーシヴァル、ボースの3人は、神から与えられた試練をつぎつぎと乗り越えるなかで、聖杯を賜るにふさわしい騎士へと成長していくのです。

聖杯を求める騎士たちの宿命

聖杯を手に入れるためには、ガラハッド一行のように、道中で数々の品物を手に入れる必要がありました。ほかにも、清廉潔白な人格者であり、敬虔なキリスト教徒であり、よこしまな心を持たず、また清い身体（童貞）でなければなりません。

有名な騎士たちが聖杯に届かず、ガラハッドたちが聖杯を手に入れるのは、神に定められた運命だったのです。

円卓の騎士たちの探索成果

ランスロット
聖杯に拒絶され、聖杯に近付く資格がないと自覚
ガウェイン
僧侶から悪と罪に汚れた騎士と断言される。探索はうんざりだと思っていた
ライオネル
探索中に殺害されるが、直後に謎の復活。その後ボースと戦い敗北する
モードレッド
気に入らない円卓の騎士を複数名暗殺する

ほか多くの騎士は死亡、または何も成果を挙げられず帰還した

聖杯の獲得

聖杯探求の最終試練は「砕けた剣を元通りに修復する」というものでした。パーシヴァルもボースも失敗しましたが、ガラハッドが剣の破片を合わせると、まるで折れてもいなかったかのように直りました。

しばらくのち、その剣は突然大きくなり、ガラハッド一行以外をその場から追い払います。そして司祭と数多くの天使、そして全身から血を滴らせた男（イエスの受難のときの姿に似ている、と記述）が出現、ガラハッドに聖杯を授けたのです。

聖杯が出現し、それに近付くガラハッド。これは絵画の一部で、左端にはボースとパーシヴァルがいる。

ガラハッドの昇天

ガラハッド一行は、聖杯の入手時に告げられた「槍の血を漁夫王の身体に塗り付けよ」「聖杯の赴くままに進むように」という言葉に従い、漁夫王（➡p143）に血を塗り付け、王を何十年も苦しめていた癒えない傷を癒しました。

その後一行は、アーサー王の城に帰還しようとする道中、サラスという街で長く足止めされます。聖杯入手から1年後、ガラハッドは出現した聖人「アリマタヤのヨセフ」に導かれ、サラスにて聖杯とともに昇天しました。

ガラハッド卿は清廉潔白、欲望が薄く、あらゆる困難がこの騎士のためにお膳立てされたような形であらわれて、当然のように解決されてゆく。その完璧さは、まるで作り物のようですな。それもそのはず、ガラハッド卿は、聖杯探索という物語のテーマを満たすために、人工的に作られたキャラクターなのです。

忠義の騎士 ガウェインの物語

4人目の騎士として紹介するのは、ガウェイン。ワシの甥っ子じゃな。円卓の騎士として最古参、戦闘能力も忠誠心も高く、ほかの騎士が持っていない特殊能力まで身につけておる。
だが、物語のなかでの扱いは少々微妙でなあ……。

ガウェイン　基本データ

出身地：オークニー諸島（イギリス北部）
父：オークニーのロット王
出典：『マビノギオン』『ブリタニア列王史』　**初登場**：キャクストン版第3巻第2章

円卓への加入と活躍

ガウェインが円卓の騎士となるのは、アーサー王がヨーロッパを平定するために各地で戦争を繰り広げていたころ、「五王の反乱」によって失った戦力の補充として、ペリノー王（→p70）が新たな騎士を求めたときのことです。アーサー王は複数名の騎士の名前を挙げたあと、騎士になりたいと望んでいたガウェインを「いつの時代の騎士にも引けを取らない」とのお墨付きで採用しました。

円卓の騎士となったガウェインは、ローマ軍との戦争や馬上槍試合、「牡鹿の探求」や「3人の乙女に導かれる冒険」など、序盤から終盤まで第一線で活躍しており、特に序盤、ヨーロッパ平定戦争においては相当な武勇を見せています。

同僚の「引き立て役」、そして後ろ暗い活躍

作中でガウェインは「○○という騎士より弱い」と評価されたり、強い騎士に敗北したあとに他の騎士が勝利するなど、当て馬とされる場面が非常に目立ちます。

果てには父親の仇とその息子を同僚の騎士であるにも関わらず暗殺する、ガウェインの強情さが王国崩壊の原因かのように描かれるなど、騎士道にもとる行為や後ろ暗い活躍が目立つ、また思慮が欠けているかのように見えるエピソードが多く、さらには引き立て役として武勇に欠ける騎士であるかのように描かれています。

ガウェインのひみつ！

名前は「金髪」という意味
イラストでは兜に隠されていますが、ガウェインという名前は古い言葉で「金髪」に由来するため、髪は金髪だと思われます。

昼間は3倍パワー！
ガウェインは、朝日がのぼってから正午までのあいだ、力が3倍になるという強力な特殊能力を持っています。

名剣ガラティン
「湖の乙女」による名剣で、エクスカリバーの姉妹剣とも考えられています。ただし作中ではほとんど出番がなく、性能や外見などの詳細は不明です（➡p112）。

忠誠と親族愛
ガウェインの心は、アーサー王への絶対的忠誠と、親族への愛情に満ちあふれています。

内戦から反乱の勃発、そして誇り高き最後

　ガウェインはランスロットを親友だと思っていましたが、ガウェインの血族のほとんどを殺したのはそのランスロットでした。不倫を暴き殺された息子と弟アグラヴェイン（➡p26）はともかく、さらに非武装の弟ふたりまでランスロット一派に殺害されたことで怒りが爆発、強い憎しみを抱き、強硬な反ランスロット派となりました。

　そして不倫発覚をきっかけに、国を二分にしての内乱が勃発。復讐に燃えるガウェインは、憎きランスロットと何度か決闘を行いますが、午前中3倍の力を発揮してもなおランスロットには敵わず、深手を負ってしまいます。

　やがて本国にてモードレッド（➡p40）の反乱が勃発、ガウェインはアーサー王とともに本国へ戻りましたが、決闘での負傷が治っていないため満足に戦えず、モードレッド軍との戦いで瀕死の重傷を負います。死を覚悟したガウェインは、ランスロットへ許しを乞い、援軍の派遣を依頼する懺悔の手紙を書いて息絶えました。

　このあと、ガウェインはアーサー王の夢枕に立ち「くれぐれもランスロットの援軍が来るまでは戦わぬよう」と釘を刺しましたが、その願いは叶いませんでした。

 安心してくださいアーサー様、あなたの甥っ子さんは立派な騎士です。こんなふうに扱いが悪いのは、『アーサー王の死』が、うちのランスロットびいきの話だからです。ランスロットのライバルだから悪者にされてるんですね。イギリス系のお話では格好いいガウェインさんが見られますよ！

知らなければ語れない！「アーサー王伝説」の超！重要人物名鑑

ここまではアーサー様と「円卓の騎士」の皆様の物語を紹介してきましたが、アーサー様の物語には、円卓の騎士以外にも重要な役目を果たす方がいます。特に重要な7人の方を紹介しましょう。アーサー様、みんな覚えていらっしゃいますよね？

データ欄の見方

名前 ─ マーリン ─ 所属陣営
データ欄 Job……職業
sex……性別
role……作中での役割

DATA
JOB：魔術師　sex：男
role：王の相談役、参謀、predictor

運命を知る謎多き魔術師

マーリン

V.I.P. No,1

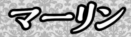

DATA
JOB：魔術師　sex：男
role：王の相談役、参謀、予言者

アーサー王陣営

マーリンは強力な未来予知能力と優れた頭脳を持つ魔術師で、先代ユーサー王の時代から王に仕えていた、アーサー王の優れた参謀です。また軍師としての才覚も持ち合わせており、卓越した戦略指揮能力も併せて、マーリンの助言と魔術は、王になったばかりの若きアーサー王を大いに助けています。

また、マーリンの予言は絶対に外れることがありません。彼は数々の予言を行っていますが、特に王妃とランスロットの不倫関係が国を滅ぼす、と遠回しに忠告する、モードレッドが王を裏切り反乱を起こす、と遠回しに予言するなど、初めからアーサー王たちの運命をすべて知っているかのようにも見えます。

そのためかマーリンは物語の序盤で、しつこく言い寄るマーリンを疎んでいた湖の乙女ニミュエに魔術で封印され死亡、物語から完全に姿を消します。

すべてはこの王からはじまった

ユーサー・ペンドラゴン

V.I.P. No,2

━━━ D･A･T･A ━━━
JOB：先代ブリテン国王　sex：男
role：アーサー王の父親

　ユーサーはブリタニア全土を統治する偉大な王でしたが、生まれた嫡男アーサーが大きく育つ前に病によって死ぬ、という運命にありました。それを予知していた魔術師マーリンは、運命を伏せた上でアーサーを別の場所で育てることを進言し、これによってアーサーは自身の生まれを知らずに育つのです。
　王の死によって、その地位を狙う貴族騎士諸侯たちによる戦乱が巻き起こり、王国は非常に危険な状態へと追い込まれます。その後紆余曲折を経て嫡男アーサーは自身の血統を証明、父の跡を継いだ所から彼の物語は始まるのです。
　ちなみに「ペンドラゴン」は、ウェールズ語で「竜の頭」という意味を持つ、偉大な人物にしばしば付けられる「敬称」です。いわば「偉大なユーサー王」というような意味であり、名字や名前の一部というわけではありません。

愛した女性は破滅への道しるべ

グィネヴィア

V.I.P. No,3

━━━ D･A･T･A ━━━
JOB：アーサー王妃　sex：女
role：王国崩壊の原因

　グィネヴィアは、まだアーサー王がブリテンを統一するべく諸侯と戦っていた物語序盤に、アーサー王が愛し結婚を申し込んだ女性です。ただしもともと結婚をするつもりはなく、箔付けに、というマーリンの助言を受けての結婚ではありました。このとき、グィネヴィアの名前を聞いたマーリンは遠回しに、彼女が妻として完璧ではなく、また彼女とランスロットとが不倫関係に落ちることを忠告しています。
　予言どおり、王妃と側近騎士は不倫に酔いしれ、のちにそれを暴かれたことで、円卓の騎士を二派に分裂させる深刻な内戦を招いています。
　ただしグィネヴィアが、アーサー王を愛していなかったわけではありません。アーサー王がアヴァロンへと旅立ったのち、彼女は自戒の念から尼僧院へ入り、そこへ会いに来て愛を語るランスロットを完全に拒否し追い返しています。

V.I.P. No,4 アーサー王の姉は謎多き魔女 モルガン・ル・フェ

DATA
JOB：魔女　sex：女
role：アーサー王の破滅の原因

中立陣営

『アーサー王の死』に登場するモルガン・ル・フェは、アーサー王の異父姉です。特に明確な理由や目的さえ明かされないまま、弟アーサーを異常に憎み、執拗に邪魔立てしては命を狙う邪悪な魔女として描かれています。

モルガンの数々の暗躍において、アーサー王をもっとも追い詰めたのは「2本目のエクスカリバーを盗み出し、不死の力の宿る魔法の鞘を捨てた」ことです。これによってアーサー王は不死の力を失い、のちに命を落とすことになります。

ですがアーサー王が最後の戦いで致命傷を負ったのち、モルガンはアーサー王を運ぶ貴婦人のひとりとして姿を現します。彼女はアーサー王の頭を抱きしめ「愛する我が弟よ」と嘆き、アーサー王とともに異世界アヴァロンへと旅立ちます。モルガンが何を求めてアーサーを妨害していたのかは不明なままです。

V.I.P. No,5 水の異界からの導き手 ヴィヴィアン

DATA
JOB：湖の乙女　sex：女
role：異界からの支援者

アーサー王陣営

ヴィヴィアンは水の精霊のような存在であり、作中では「湖の乙女」と呼ばれます。この「湖の乙女」とは個人名ではなく種族名に近いもので、作中ではヴィヴィアンやニミュエなど複数の「湖の乙女」が登場しています。彼女たちは不死の存在ではなく、凶器によって殺害されることもあります。

湖の乙女たちは2本目のエクスカリバーをアーサー王に与える、ベイリンの剣をアーサー王の宮殿に持参する、マーリンを物語から退場させる、エクスカリバーを回収するなど、物語が動く節目において重要な役目を担う存在です。

また彼女は、アーサー王が致命傷を負ったあと、彼の元にあらわれた謎の貴婦人のひとりです。彼女たち湖の乙女はモルガンとともに、死にゆくアーサー王を治療するため、王を異世界アヴァロンへと連れて行ったのです。

聖杯の奇蹟を導いた老王

ペラム王

V.I.P. No,6

DATA
JOB：リスティノワーズ国王　sex：男
role：聖杯探求の陰の主役

中立陣営

　ペラム王はキリスト教の聖人「聖ヨセフ」の血縁者で、人々の尊敬を集めていたという国王です。ですが物語の序盤、ベイリンという騎士に弟を殺され、その仇を討つべく自分の城の中で戦っていたところ、ベイリンがたまたま手にした「ロンギヌスの槍」で体を刺されてしまったという、いわば故なき被害者です。
　聖遺物であるロンギヌスの槍が武器として使われたためか、ペラム王の城と領土には神の怒り「悲しい一撃」が発生します。豊かな国土は不毛の地となり、ペラム王は決して癒えない傷を負い、激しい痛みに苦しみ続けるのです。
　ペラム王が救われるのは、これから数十年後。ガラハッド一行が聖杯探求に成功したとき、一行は神から「ペラム王を聖杯で治療せよ」と命じられます。聖杯の奇跡によって、ペラム王とその国土は、ようやく苦しみから解放されたのです。

アーサー王の前に立ちはだかる最大の敵

ルーシャス・ティベリウス

V.I.P. No,7

DATA
JOB：ローマ帝国皇帝　sex：男
role：最大の敵手

敵陣営

　アーサー王自身が武勇を振るう活躍は、ブリタニア全土を平定したのち、ヨーロッパ最強国家ローマ帝国との戦争に勝利するところまでです。『アーサー王の死』においての時の皇帝は「ルーシャス皇帝」という名前で呼ばれていますが、彼は史実に存在していない、架空のローマ皇帝です。
　ルーシャス軍はアーサー軍とよく戦い、互角の勝負を長時間繰り広げます。これにしびれを切らしたアーサー王はルーシャス皇帝と一騎打ちとなり、ルーシャスはエクスカリバーで頭をかち割られ死亡、ローマ軍は敗北を喫しました。
　ルーシャスに近い架空のローマ皇帝の名前は『ブリタニア列王史』から見られます。これは「ティベリウス2世」という実在のローマ皇帝をモデルにしたのでは、という説が存在していますが、正確なところはわかっていません。

『アーサー王の死』の円卓の騎士総覧

ここまでご紹介した4人のほかにも、アーサー様のもとには無数の騎士が集まっていらっしゃいます。『アーサー王の死』に登場する円卓の騎士のみなさんを、お名前と経歴だけでもご紹介させていただきますわ♪

名前	掲載ページ	一口解説
アーノルド		アリーの治療(*1)に参加。王妃処刑の日、ランスロット一味に殺害される
アイアンサイド	p90	赤い城の赤い騎士。目立たないがかなりの実力者。アリーの治療に参加。グィネヴィア王妃と5月の花摘み(*2)に出かけた騎士
アグラヴェイン	p26	ガウェインの弟。ランスロットの不倫を暴き、殺された。アリーの治療に参加
アグロヴァル		ペリノー王の息子。アリーの治療に参加。グィネヴィア王妃処刑の日、ランスロット一味に殺害される
アコーロン	p92	モルガンから受け取ったエクスカリバーでアーサー王と戦うも敗死
アスタモアー		ランスロットの不倫を暴き、殺された。アリーの治療に参加
アリー	p64	アリーの治療の主人公。円卓内戦ではランスロット側についた
アレクサンダー		マーク王に復讐を誓う騎士。ランスロット、ラモラック、トリスタン並に武芸が達者だと評価されている。復讐は彼の息子が果たしたという
ヴィラーズ		勇者ヴィラーズ。アリーの治療に参加。グィネヴィア王妃処刑の日にランスロットに付き従った騎士。アーサー王の死後、ランスロットと一緒に修行をした。物語の最後まで生き残り、余生は聖職者として過ごした
ウルフィアス		ユーサー・ペンドラゴン王に仕えた騎士。アーサー王にも仕えた
エクター・ド・マリス	p60	ランスロットの側近で、聖杯の恩寵を受けた数少ない騎士。アリーの治療に参加。王妃処刑の日にランスロットに付き従った
エクター	p68	アーサー王の義父。アーサーが王となったあとは息子の配下についた
エグラム		アーサー王とマーリンとの会話のなかだけに名前が登場する。ペリノー王と戦って負けたらしい
エピノグラス	p98	ノーサンバーランド王の息子。ディナダンとの槍試合によって、恋する男の力が強いことを証明した。アリー卿の治療に参加
オザナ・ル・キュール・アルディ		勇敢さに定評があるらしい。アリーの治療に参加。グィネヴィア王妃と5月の花摘みに出かけた騎士
オンツレイク		アーサー王がアコーロンに勝利（→p94）したのち、アーサー王の家臣となる
ガウェイン	p24	ガウェイン兄弟の長兄。力が3倍になる特殊能力を持つ。アリーの治療に参加。モードレッドの反乱の際に戦死
カースサリン		ランスロットの不倫を暴き、殺された騎士のひとり
カイヌス・ル・ストラング		アリーの治療に参加。王妃処刑の日、ランスロット一味に殺害される
ガハランティン		アリーの治療に参加。グィネヴィア王妃処刑の日にランスロットに付き従った騎士。アーサー王の死後、ランスロットと一緒に修行をした。物語の最後まで生き残り、余生は聖職者として過ごした
ガヘリス	p30	ガウェイン弟。母であるマーゴース王妃を殺害する。アリーの治療に参加
ガラガース		ブリテン島平定戦のあとに、円卓の騎士に任命される。その後は出番なし
ガラハッド	p82	もっとも優れた聖杯の騎士。聖杯探求に成功する。その後、聖杯とともに昇天した
ガリハッド		王妃処刑の日にランスロットに付き従った騎士。アーサー王の死後、ランスロットと一緒に修行した。物語の最後まで生き残り、余生は聖職者として過ごした
ガリホディン		アリーの治療に参加。グィネヴィア王妃処刑の日にランスロットに付き従った騎士。アーサー王の死後、ランスロットと一緒に修行をした。物語の最後まで生き残り、余生は聖職者として過ごした
ガレス	p28	ガウェイン兄弟の末弟。兄たちとは違い、後ろ暗いことを嫌っている。グィネヴィア王妃処刑の日、ランスロット一味に殺害される。アリーの治療に参加
ガレロン	p44	トリスタンとパロミデスの最終戦の際、トリスタンに武具を貸した。ランスロットの不倫を暴き、殺された。アリーの治療に参加
ギルメア		アリーの治療に参加。王妃処刑の日、ランスロット一味に殺害される
ギンガリン		ランスロットの不倫を暴き、殺された。アリーの治療に参加
クララス		アリーの治療に参加。グィネヴィア王妃処刑の日にランスロットに付き従った騎士。アーサー王の死後、ランスロットと一緒に修行をした。物語の最後まで生き残り、余生は聖職者として過ごした
グリフレット	p32	アリーの治療に参加。王妃処刑の日、ランスロット一味に殺害される。他の物語においてはエクスカリバーを湖に返す役割を持っていた
クレギス		王妃処刑の日にランスロットに付き従った騎士。アリーの治療に参加

※ 頻出事件解説	(※1) アリーの治療	「この世でもっとも優れた騎士に傷口を診てもらわないかぎり、決して傷が癒えない呪い」をかけられた騎士アリー（➡p64）が、傷を治してもらうため、アーサー王の宮殿をおとずれた事件。100人以上の騎士たちが挑戦したが、アーサー王を含めた全員が治療に失敗。結局アリーの治療は、最後に挑戦したランスロットによって達成された。
	(※2) 5月の花摘み	メリアガーント（➡p48）の引き起こしたグィネヴィア王妃誘拐事件のこと。10人の騎士が王妃の警護に付き従っていたが、160名ものメリアガーント勢に襲われ、騎士たちは皆重傷を負い、王妃は連れ去られた。事件名は「5月のある日、王妃が花摘みに出かけたときに起きた事件」ということから。
	(※3) ブリテン島平定戦	アーサーが先代ユーサー王の地位を継いで王になったあと、アーサーの王位を認めないブリテン島の諸王を打倒し、ブリテン島を統一した戦争のこと。

グロモー・ソーム・エリオット		グィネヴィア王妃処刑の日、ランスロット一味に殺害されるのみ
ケイ	p34	アーサー王の義理の兄で国務長官。口の悪さは天下一。アリーの治療に参加
ゴーター		アリーの治療に参加。王妃処刑の日、ランスロット一味に殺害される
コルグレヴァンス		ブリテン島平定戦（※3）における、40人の決死隊のひとり。ローマとの戦争で死亡したと書かれているが、なぜかその後の「アリーの治療」に参加している。ランスロットの不倫を暴き、殺された
コンスタンティン	p50	アーサーと円卓の騎士の物語すべてが終わったあと、アーサー王のあとを継ぎ新たなイングランド王となる。アリーの治療に参加
サグラモアー	p36	出生地から実力まで、何もかもがよくわからない謎多き騎士。グィネヴィア王妃と5月の花摘みや、アリーの治療に参加。他の作品でもランスロットに劣らぬ大きな活躍を見せている
サドック		アリーの治療に参加。王妃処刑の日にランスロットに付き従った騎士
サフィア		サラセン人（中世ヨーロッパでは、アラブ人のイスラム教徒をこう呼ぶ）でパロミデスの弟。グィネヴィア王妃処刑の日にランスロットに付き従った騎士
セグワリデス		サラセン人でパロミデスの兄弟。グィネヴィア王妃処刑の日、ランスロット一味に殺害される
セリシズ		アリーの治療に参加。王妃処刑の日にランスロットに付き従った騎士
ダゴネット	p46	アーサー王お気に入りの宮廷道化師。コミカルなシーンに登場する
ダマス		グィネヴィア王妃処刑の日、ランスロット一味に殺害されるのみ
ディナス		アリーの治療に参加。王妃処刑の日にランスロットに付き従った騎士
ディナダン	p78	切れ者で明るい騎士。聖杯探求でモードレッドに殺されたが、なぜかそのあと、アリーの治療に参加
トー		アリーの治療に参加。王妃処刑の日、ランスロット一味に殺害される
ドディナス・ル・ソヴァージュ		グィネヴィア王妃と5月の花摘みに出かけた騎士。アリーの治療に参加
ドリアント		アリーの治療に参加。王妃処刑の日、ランスロット一味に殺害される
トリスタン	p72	最強の騎士として名を挙げられる実力者なのだが、パロミデスの洗礼が終わったあとは登場しなくなり、さらにはいつの間にか死んでいる
ネロヴュース・ド・ライル		王妃処刑の日にランスロットに付き従った騎士
パーサント		グィネヴィア王妃と5月の花摘みに出かけた騎士。アリーの治療に参加
パーシヴァル	p84	聖杯探求に成功した騎士のひとり。ガラハッドの昇天を目の当たりにしたことから隠者となり、1年2ヶ月後に死亡する
パートレープ		アリーの治療に参加。王妃処刑の日、ランスロット一味に殺害される
ハーマインド		アリーの治療に参加。王妃処刑の日、ランスロット一味に殺害される
パロミデス	p62	作中最強格のサラセン人騎士。トリスタンに洗礼を受け、キリスト教に改宗した。王妃処刑の日にランスロットに付き従った騎士
ヒービス・ル・ルノーム		アリーの治療に参加。王妃処刑の日にランスロットに付き従った騎士
ファーガス		30歳の婦人に導かれて冒険をしていたマーハウスに、巨人トーラードを倒すことを依頼する。アリーの治療に参加
ブラシアス		ユーサー・ベンドラゴン王に仕え、のちにアーサー王にも仕えた。ブリテン島平定戦における、40人の決死隊のひとり
ブラモー・ド・ゲイネス		アリーの治療に参加。グィネヴィア王妃処刑の日にランスロットに付き従った騎士。ランスロットの死後、異教徒のトルコ人と戦って聖金曜日に死んだ
ブランディリス		アリーの治療に参加。グィネヴィア王妃と5月の花摘みに出かけた騎士。グィネヴィア王妃処刑の日、ランスロット一味に殺害される
プリアマス		トリスタンに洗礼を受けキリスト教に改宗。アリーの治療に参加。グィネヴィア王妃処刑の日、ランスロット一味に殺害される
ブレオベリス・ド・ゲイネス		パロミデスとは死ぬまで憎みあう仲だった。アリーの治療に参加。王妃処刑の日にランスロットに付き従った騎士。アーサー王の死後、ランスロットと一緒に修行をした。ランスロットの死後、異教徒のトルコ人と戦って聖金曜日に死んだ

ブレノリアス		アリーの治療に参加。王妃処刑の日にランスロットに付き従った騎士
フローレンス		ガウェインの息子。ランスロットの不倫を暴き、殺された。アリーの治療に参加
ベディヴィア	p38	ローマ軍との戦いから名前の見える古参騎士。アリーの治療に参加。モードレッドとの停戦交渉に参加。最後の戦いのあと、エクスカリバーを泉に返した。アーサー王の死後は隠者となり、庵で死ぬまで暮らした
ベティペイス		ランスロットの不倫を暴き、殺された。アリーの治療に参加
ベリーモンズ		アリーの治療に参加。王妃処刑の日、ランスロット一味に殺害される
ベリノー王	p70	「吠える怪獣」の探求者。「奇態な獣を連れた騎士」と呼ばれていた。アーサー王と戦いエクスカリバーを折るなど、武勇に優れた老練の騎士。キャクストン版では具体的なエピソードでは語られていないが、ガウェインに殺されたらしい
ベリンガー・ル・オーグラス		アリーの治療に参加。王妃処刑の日、ランスロット一味に殺害される
ベリンガー・ル・ビューズ		アリーの治療に参加。王妃処刑の日にランスロットに付き従った騎士
ベレアス	p94	ガウェインの策略で失恋するも、湖の乙女ニミュエと恋に落ち、結婚した。そのおかげで、円卓の騎士では唯一、安寧な最後を迎えられたという。グィネヴィア王妃と5月の花摘みに出かけた騎士。アリーの治療に参加
ボアー・ル・クール・アルディ		アーサー王の息子で、円卓の騎士になったらしい、という伝聞以外のプロフィールは不明。アリーの治療に参加
ボース	p56	聖杯探求に成功した騎士のひとり。アリーの治療に参加。王妃処刑の日にランスロットに付き従った騎士、アーサー王の死後、ランスロットと一緒に修行をした。ランスロットの死後、異教徒のトルコ人と戦って聖金曜日に死んだ
ボードウィン	p96	ユーサー・ペンドラゴン王に仕え、のちにアーサー王にも仕えた。ローマ軍との戦いのあと隠者となる。のちに医師としてランスロットを治療
マーハウス	p74	ガウェインより強いと評価された実力派の騎士。のちにトリスタンと戦い死亡
マドール・ド・ラ・ポルト		ランスロットの不倫を暴き、殺された。アリーの治療に参加
メナデューク		アリーの治療に参加。王妃処刑の日にランスロットに付き従った騎士
メリアガーント	p48	アーサー王から送られた城を持っていた。恋心からグィネヴィア王妃の誘拐、という大事件を引き起こす。最終的にはランスロットの決闘によって死亡
メリアス・ド・リール		アリーの治療に参加。王妃処刑の日にランスロットに付き従った騎士
メリオット		ランスロットの不倫を暴き、殺された。アリーの治療に参加
メリオン		ランスロットの不倫を暴き、殺された。アリーの治療に参加
モードレッド	p40	アーサー王とマーゴースの近親相姦で生まれた裏切りの騎士。最後の戦いでアーサー王と相打ちになり死亡。アリーの治療に参加
ユーウェイン	p88	獅子の騎士。母モルガン・ル・フェがアーサー王の暗殺を企んだため、疑われてアーサー王の宮廷から追放される。アリーの治療に参加。
ユーウェイン・レ・アヴァートレ		聖杯探求のときに、身分を隠してガウェインと戦って死亡。だが何事もなかったかのようにアリーの治療に参加している
ユーリエンス王		ブリテン島平定のときに反乱を起こしたが、降参して円卓の騎士の一員となる。アリーの治療に参加
ラ・コート・マル・タイユ	p76	本名ブルーノ。円卓の騎士ではおそらく最年少。黒い盾の冒険を達成する。アリーの治療に参加
ランスロット	p54	アーサー王の親友であり側近である最強の騎士。アリーの治療に成功した。
ライオネル	p58	聖杯探求の際に死亡したはずだが、何事もなかったかのようにアリーの治療に参加。グィネヴィア王妃処刑の日にランスロットに付き従った騎士。アーサー王の死後、他の15人の諸公とともに殺された
ラヴェイン		アリーの治療に参加。王妃処刑の日にランスロットに付き従った騎士
ラヴェル		ランスロットの不倫を暴き、殺された。アリーの治療に参加
ラディナス・オブ・フォレスト・ソヴァージュ		グィネヴィア王妃と5月の花摘みに出かけた騎士として名前が挙がっているのみ
ラモラック	p86	作中における最強の騎士のひとり。マーゴースとの愛人関係が仇となり、ガレスを除くガウェイン兄弟とモードレッドに暗殺される
ルーカン	p42	アーサー王付きの執事（正確にはワイン係の「献酌侍臣」）。ブリテン島平定戦における、40人の決死隊のひとり。アリーの治療に参加。円卓内戦では和平交渉を行った。最後の戦いで壮絶な死を遂げる

94人か、ちょいと少ない気がせんかの？
円卓の騎士を「ワシの部下」という基準で選ぶなら、この2～3倍くらいはおったような気がするんじゃが。

あくまで『アーサー王の死』に登場し、アーサー様の部下だと確実にわかる騎士だけをリストアップしております。作中に名前が出てきても、立場がはっきりしない騎士は省きましたので、実際にはもっと多いはずですな。

アーサー王の世界 歴史・文化の章

調べてみよう！
『アーサー王伝説』のできるまで……148

アーサー王伝説聖地巡礼ツアー……156

もっとたくさん知りたい人へ！
「アーサー王」必見作ガイド……162

これまでのお話は、
ほぼ『アーサー王の死』という作品に
書かれていたものを紹介してきましたが……
この作品がどのようにつくられたのか、
興味はありませんか？
伝説が作られていく過程や、
伝説の「聖地」のご案内を
させていただきますね♪

調べてみよう！『アーサー王伝説』のできるまで

アーサー様が活躍する『アーサー王伝説』は、世界でもっとも有名な騎士道物語ですが……これは、ある日ひとりの作家が「ポン」と作ったものではなく、長い年月をかけて練り上げられてきたものですと。どのようにできあがった物語なのか、ご説明しましょう。

Q. この伝説は、どこから作られたんじゃ？

A. 大活躍した軍人が、伝説になったようで。

　アーサー王の伝説は、現在のイギリスの本島である「ブリテン島」で生まれ、島の各地にアーサーの活躍を描く断片的な伝説が残っています。

　アーサー伝説の発端は歴史学的には確定していませんが、6世紀ごろに、ブリテン島に住むブリトン人の軍隊を率いて、侵略者であるサクソン人の軍隊と戦った軍事指揮官の活躍が、のちに伝説化したものだという説が有力です。

Q. なぜ『アーサー王の死』ばっかりにこだわるんじゃ？

A. たくさんの伝説を、ひとつにまとめたからですね。

　アーサー王の伝説はヨーロッパ各地に存在します。その内容は、ひとつの戦い、ひとつのエピソードを切り取ったものがほとんどで、アーサー王の誕生から死までをひとまとめにして描いたものはほとんどありませんでした。

　『アーサー王の死』は、欧州に散らばるアーサー王の伝説をひとつにまとめて「アーサー王の生涯と、騎士たちの物語」に再編集した、もっとも完成度の高い作品です。そのためアーサー王伝説といえば『アーサー王の死』のことを指すのです。

と、いうわけですのでアーサー様。
ここからはアーサー様の伝説が生まれてから、伝説の集大成である『アーサー王の死』ができあがるまでの流れをご説明いたしますぞ。

『アーサー王伝説』誕生から、『アーサー王の死』の完成まで

アーサー様の伝説が生まれてから、その集大成『アーサー王の死』ができあがるまでの流れを、時間の流れに沿って、図にまとめてみましたぞ。

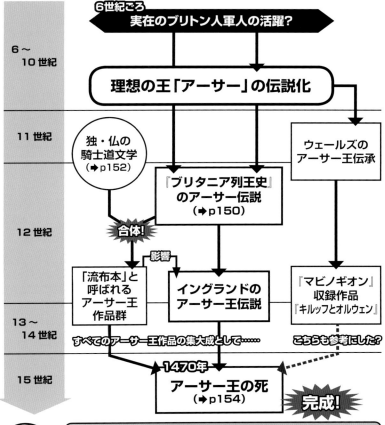

6～10世紀	**6世紀ごろ** 実在のブリトン人軍人の活躍？ → 理想の王「アーサー」の伝説化
11世紀	独・仏の騎士道文学 (→p152) / ウェールズのアーサー王伝承
12世紀	『ブリタニア列王史』のアーサー伝説 (→p150) **合体！**
13～14世紀	「流布本」と呼ばれるアーサー王作品群 ／ 影響 → イングランドのアーサー王伝説 ／ 『マビノギオン』収録作品『キルッフとオルウェン』 すべてのアーサー王作品の集大成として…… こちらも参考にした？
15世紀	**1470年** アーサー王の死 (→p154) **完成！**

次のページからは、図で説明したそれぞれの時期に、どのような形で伝説が育っていったのかをくわしく説明します。まずは図の中央にある『ブリタニア列王史』から見ていきましょう♪

149

ギモンその① 『ブリタニア列王史』はなぜ書かれた?

最初に紹介するのは、歴史上はじめて、アーサー様の元ネタと思われる人物の活躍を文字に書き残した文献『ブリタニア列王史』ができるまでです。実はこの文献が、アーサー王ブームの火付け役になったのですよ!

ブリタニア列王史

『ブリタニア列王史』は、1136年のイギリスで、ジェフリー・オブ・モンマスという聖職者が書いた、ブリテン島を支配してきた王家の歴史書です。
ですが、この本に書かれているのは、嘘の歴史です。
モンマスは、ブリテン島に伝わる昔話や、欧州の伝説をつなぎ合わせて、偽の歴史をつくりあげたのです。

に、偽の歴史じゃと!? なんとけしからん。
どうしてそんなものを作ろうとしたんじゃ、この男は。

なにも悪気があってやったわけではないのです、アーサー様。
実はモンマスがこの『ブリタニア列王史』を書いた目的は、
ライバル国のフランスとの「宣伝戦」に勝つためだったのです。

現状では、イギリスとフランスは、おたがいに仲の悪いライバル国として知られています。ですが、かつてのイギリスとフランスは、ライバルと呼べるような対等な関係ではありませんでした。実は『ブリタニア列王史』が書かれた12世紀ごろ、イギリス南部のイングランド地方を統治していたのは、フランス国王の家臣として仕える地方貴族だったのです。

フランス王家には、8世紀の「フランク王国」から続く400年の伝統がありました。その「伝統」に対抗するためには、イングランドにも立派な歴史が必要です。そこでモンマスは、歴史を捏造して、イングランドの地位を高めようとしたのです。

イングランド王はフランス人!

現代に続く「イングランド王国」は、実はフランス王国に仕える大貴族がイングランドを侵略して作った国なのです。

豪華絢爛！『ブリタニア列王史』の元ネタ

ジェフリー・オブ・モンマスは、ギリシャの古典文学と、ブリテン島に残る伝説をかきあつめて、互いに関係のないはずの物語を「本当の歴史」としてつなぎあわせてこの本を作りました。代表的な「元ネタ」はこの4つですな。

『ブリタニア列王史』のネタ元になった代表的伝説

紀元前10世紀ごろの元ネタ
『アエネイス』（ギリシャ）

有名な「トロイア戦争」の後日談

紀元前5世紀ごろの元ネタ
レイア王の伝説（イングランド）

シェイクスピアの『リア王』で有名

紀元前1世紀ごろの元ネタ
アーサー王の伝説

6世紀の人物のはずのアーサーが、なぜか700年昔の人物という扱いに

7世紀ごろの元ネタ
カドワラドルス王の伝説（ウェールズ）

ブリテン島西部を支配した実在の王

むりやりひとつに合体させて……

ブリタニア列王史 完成！

こんな具合で、アーサー様の伝説は『ブリタニア列王史』の一部としてヨーロッパデビューを果たしたのですが……このアーサー様の伝説がイングランドだけでなく、フランスやドイツをはじめとする欧州各地でやたらと"ウケた"のです。

……なんじゃ、この本、フランスの歴史に対抗するために作ったのではないのか？ それがフランス人にウケるとは、なんとも奇妙な心持ちじゃのう。

まあ、「フランスに対抗する」という意味では、大成功と言えますよね。ですがこの「アーサー様の伝説がフランスとドイツで人気になった」という出来事が、アーサー様の伝説に、思いもよらない影響をもたらすのです。

ギモンその② どうしてこんなに「騎士」が多いの？

『アーサー王の死』には、確実に円卓の騎士だとわかる騎士だけでも94人、敵まで含めれば200人近い騎士が登場します。こんなに騎士が多いワケは、実は当時のヨーロッパの歴史にあったんです。

きっかけは"十字軍"

理由をくわしくお話しする前に……アーサー様、まずはこの絵画を見ていただけますか？

おおっ、ずいぶん多くの騎士たちが描かれておるのう。相手の騎士は頭に布を巻いておる。異教徒か。

そのとおり。ヴィヴィアン殿がもってきた絵画は、ヨーロッパの「十字軍」を描いたものなのです。

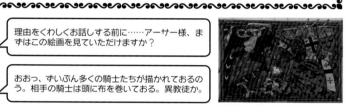

1098年の第一回十字軍を描いた絵本。イスラム教徒のターバンが、画家の無理解により鉢巻のように描かれている。1337年、フランス人画家リシャール・モンバストン画。

「十字軍」とは、11世紀末から12世紀にかけてたびたび行われた、キリスト教を信仰する騎士たちによる大遠征軍です。

キリスト教の聖地エルサレムを奪回することを目的としたこの大遠征は、「力こそすべて」「自分の利益が最優先」であったヨーロッパの騎士たちに、「神に導かれた正義の戦争」という、新しい価値観を植え付けました。

力自慢の荒くれ者だった騎士たちは、キリスト教によって「信仰心」や「寛容さ」「正直さ」などの美徳を植え付けられます。これらの価値観は「騎士道精神」という文化に昇華して、騎士たちの生き方の模範となったのです。

十字軍とは何？ Q&A

Q. 何のための戦争？
A. キリスト教の聖地エルサレムを、イスラム教徒から取り戻す

Q. 主役はだれ？
A. ヨーロッパ各国の、キリスト教を信仰する騎士たち

Q. いつごろの戦争？
A. 11世紀末〜12世紀のあいだ、約100年あまり。前ページで紹介した『ブリタニア列王史』が作られる直前だった

よいですか、アーサー様。
『アーサー王伝説』が発展した時代は、このように「十字軍」が行われ、騎士たちが活躍した時代だということを覚えておいてくだされ。

騎士たちの娯楽「騎士文学」ブーム！

十字軍に参加した騎士たちは、私利私欲のためではなく、神のために戦うという、いわば「正義のカンバン」を手に入れたわけですな。このようにキリスト教社会のヒーローとなった彼らのなかで、新しい娯楽が生まれました。

ヨーロッパ世界が十字軍に湧いた11世紀。騎士たちは、自分も十字軍で偉大な活躍をして、周囲に称賛され、天国に行くことを夢見ていました。

そんななかで隆盛したのが「騎士文学」と呼ばれる物語です。これは騎士が敵と戦って偉大な武勲をあげ、領地や美しい妻などの報酬を手に入れるという構成の物語です。騎士たちは、主人公の活躍を自分と重ね合わせ、騎士文学に熱中しました。現代に例えるなら、少年たちがスポーツマンガに熱中するようなものでしょう。

もともと騎士文学は、実在の騎士や王の活躍を物語化したものでしたが、徐々に架空の要素が増え、ドラゴンや魔術師が登場する幻想的なものに変わっていきます。

騎士文学の発展

12世紀ごろ　武勲詩
実在した騎士による歴史的事件を、誇張して物語調にしたものが、初期の騎士文学でした。

→発展→

13世紀ごろ　騎士文学（初期）
実在の騎士ではなく、物語のために作られた騎士が、武勲をあげ、恋愛する作品が増えます。

→発展→

14〜15世紀　騎士文学（後期）
ドラゴン、魔法使い、妖精などのファンタジー要素が増え、おとぎ話に近くなっていきます。

欧州の騎士文学が「アーサー王」に合流！

なるほどのう。だがヴィヴィアン、キャリバーン。当時のヨーロッパで騎士文学が盛り上がっていたのはわかったがの、それと「アーサー王伝説」にたくさん騎士が出てくる話に、どんな関係があるんじゃ。

ええ、そこで出てくるのが『ブリタニア列王史』なんですよ。騎士文学の主人公である「架空の騎士」が人気になると、彼らに箔をつけるために、この騎士は**「あのアーサー王の部下」**だという設定があと付けで追加されていったんです。

要するに「アーサー王伝説」に出てくる騎士の多くは、騎士文学ブームの時代に作られた架空の騎士なのですな。ハイカラな言い方をすれば、円卓の騎士は、ヨーロッパの騎士文学の**オールスターチーム**だと言えましょうぞ。

ギモンその③ いつ「ひとつのお話」になったの？

前のページでお話ししたとおり、増殖した騎士物語がアーサー様と関連づけられ「アーサー王と円卓の騎士の伝説」が大量に生まれておりました。ですが、この雑多な伝説群をひとつの物語にまとめた者がいるのです。

"アーサー王の伝説"は、皆が好き勝手に作っていた

もともとアーサー王にまつわる伝説は、短い作品ばかりでした。その作品内容は右にあるように多岐にわたるうえ、同じテーマの作品でも料理の仕方の違いにより、無数のバリエーションが存在していました。

13世紀ごろから、これらの雑多なアーサー王作品をまとめて、アーサー王の人生をまるごとひとつの物語にしようという試みがはじまりました。本書でたびたび紹介している『アーサー王の死』は、このような目的で作られた、まとめ作品のひとつなのです。

「アーサー王伝説作品」の中身の例
- アーサーの即位
- アーサーの戦い
- 円卓の騎士の活躍（主役多数）
- グィネヴィア王妃の浮気
- モードレッドの裏切り
- 聖杯探索

バラバラじゃの

トマス・マロリーと『アーサー王の死』

『アーサー王の死』は、アーサー王伝説のまとめ作品が作られはじめてから約200年後の1470年、ブリテン島西部のウェールズ地方に住む騎士「トマス・マロリー」がまとめた、アーサー王の誕生から死までを描くまとめ作品です。

本作品は、死んだはずの騎士が再登場するなど一部に設定の矛盾はあるものの、それまでのまとめ作品よりも完成度の高いものでした。以降、『アーサー王伝説』といえばこの作品のことを指すようになります。

トマス・マロリー

……というわけです。
こうして『アーサー王の死』という作品を通じて、アーサー様の誕生から最期までの伝説が、世界中に広まることになったんですよ。

なるほどのう、ずいぶん多くの者がワシの伝説を広めたのじゃな。
やはり人気者は罪作りじゃのう！　がっはっは‼

驚愕！マロリーは超！ロクデナシ騎士だった！

しかしマロリーとやら、よくぞワシの伝説を世に広めてくれたものよ。どこかで会う機会があったら褒美をとらせてやりたいくらいじゃ。そうじゃ、ワシの円卓の騎士に加えてやってもよいの！

む……アーサー様、それは避けたほうがよいかと思います。このマロリーという男、世間が思っているほど立派な男ではありません。むしろダメ人間と言ったほうが適確というか……。

な、なんじゃと？
それはいったいどういうことじゃ！

　イギリスを代表する文学作品のひとつ『アーサー王の死』を書いたトマス・マロリーは、長らく「立派な騎士」であったと信じられてきました。ですが残された公的記録から、実はマロリーは何度も犯罪を犯し投獄されている、きわめて素行の悪い人物だったことがわかってきました。

トマス・マロリーの"前科"いろいろ

・バッキンガム公爵の暗殺未遂
・合計100回を越える強盗
・その他、殺人、誘拐、強姦で前科多数
・脱獄経験2回。片方は武器を用いての強行突破

　このように犯罪まみれの生活を送っていたマロリーですが、彼の文学的能力と教養は本物でした。マロリーは50歳ごろからこの作品を書き始め、70歳になって完成させました。もっともそのあいだもマロリーの犯罪は続いており、作品の一部は獄中で書かれたことが判明しています。

ちなみにマロリーがこういう人間だということが定説になったのはわりと最近でしてな、おおむね18～19世紀ごろにこのような評価が定まっていったようで。

証拠は比較的昔から見つかっていたのですが、みなさん、「あの『アーサー王の死』の作者がそんな悪党のハズがない！　同姓同名の別人だろう！」と言いはって、信じようとしなかったんだそうです。

はぁ、なんたることじゃ、文学的才能があるからといって、人柄まで優れているとはかぎらんのじゃなあ。
危うくワシの円卓に、とんでもない男を加えてしまうところだったわい。

アーサー王伝説 聖地巡礼ツアー

アーサー様、みなさんの活躍を思い出すためには、実際にその地に行ってみるのがいちばんだと思いませんか？アーサー様の活躍は、現代になっても名所、遺跡として残っているんですよ。ぜひ一度、見に行ってみてください！

アーサー王聖地MAP

アーサー王の伝説は、のちに「ケルト人」と呼ばれた民族の伝説から多くの物語を取り込んでいます。そのため、ケルト人が特に長く暮らしていたこの3地方には、アーサー王伝説関連の史跡が多く残されています。

コーンウォール地方

アーサー様の城はここにありますよ。そのほかにも「アヴァロン」など、物語の根幹に近づく「聖地」ばかりです♪
（→p157）

イギリス

アイルランド

ドイツ

フランス

ウェールズ地方

アーサー様の伝説が、もっとも古くに生まれたのは、このウェールズ地方だと考えられているのですぞ。
（→p160）

ブルターニュ地方

なんじゃ、ここだけフランスではないか。どうやらここには異世界や魔法についての逸話が多いようじゃのう。
（→p161）

コーンウォール地方
～アーサー王伝説の中心地～

コーンウォール地方

イングランド南西部に位置するコーンウォール地方は、アーサー王伝説にとって、もっとも重要な「聖地」がある場所です。

> そうじゃ、思い出したぞ。
> ワシのあだ名に「コーンウォールの猪」というものがあったわい。
> これはこの地方の名前からとった異名だったんじゃな。

アーサー王生誕の地!
ティンタジェル城

アーサー王の母イグレインがアーサーを生んだのは、ここティンタジェルにある城でした。12世紀ごろまで実際に城がありましたが、現在は跡地が残るのみです。

ティンタジェル城とされる場所。
撮影：David Slauson

グラストンベリー

異世界「アヴァロン」と関係の深い場所です。
p158へ!

ウィンチェスター城

アーサー王の城とされる場所のひとつです。
p159へ!

巨人殺しの武勲の地
聖マイケルの山

フランス語では「モン・サン・ミッシェル」です。アーサー王がこの場所で巨人と戦い、殺したという伝説が残されています。

イングランド本土最西端となるランズエンド岬。
撮影：Steinsky

トリスタンの国が沈む
ランズエンド岬

イングランド最西端であるこの岬の先には、陸続きにトリスタンの国リオネスが広がっていたそうですが、のちに津波で海底に沈み、現在のシリー諸島になったといいます。

157

"アヴァロン"のある街 グラストンベリー

わたくしたち「湖の乙女」も住んでいる異界の島、アヴァロンですが……実はこのグラストンベリーに、アヴァロンがあるという説があるのだそうですよ。

アヴァロンの島は地上にあった!?

「アヴァロン島の正体は、イングランドのグラストンベリーの丘」という説があります。この丘を遠くから見てみると、確かに平地から人工物のように大きく盛り上がっています。さらに、かつて丘の周辺は沼地であったため、より一層島のように見えたことでしょう。ただしこの説には、丘の付近に住んでいた12世紀末の修道士たちが、寄付金目当てに文献の捏造などを行った形跡があり、後世の研究者からは強い否定を受けています。

グラストンベリーの丘。
撮影：Brian Robert Marshall

アーサー王の史跡がいっぱい！

色々と物言いがつく"聖地"ではありますが、アーサー様のファンにとってはたまらない史跡がたくさんありますよ。

・アーサー王の墓

12世紀に修道士たちは、修道院の墓地にてアーサー王と王妃の遺骨を「発見」しました。遺骨は修道院の大聖堂に納められましたが、16世紀に「宗教改革」の影響から破壊され、現在はその廃墟と跡地が残るのみです。

・チャリス・ウェル

少なくとも2千年は水が湧き続けている、グランストベリーの丘のすぐ近くにある泉です。アリマタヤのヨセフと聖杯に関する伝説が残されているほか、井戸のフタに描かれている槍や剣は、丘に埋葬されたというアーサー王にちなんだものとのこと。

グラストンベリー修道院廃墟にある「アーサー王の墓跡地」。
撮影：Tom Ordelman

施設内に設置されている水場のひとつ「Lion's Head Fountain」。

"円卓"の城 ウィンチェスター城

アーサー様の居城は「キャメロット城」と呼ばれておる。ブリテン島にはキャメロット城の候補地がいくつもありますが、もっとも有名なのがこの城ですな。

アーサーの城「キャメロット」

初期の伝説におけるアーサー王は、根拠地の城を持っていませんでしたが、時代が進むにつれて「特定の都市を本拠地としている」という設定が加わり、その城は「キャメロット」と呼ばれています。

キャメロットの所在地に関しての仮説はいくつも立てられていますが、ウィンチェスター市の「グレート・ホール」は、『アーサー王の死』の作者マロリーが、キャメロットの所在地と考えた場所です。一説によればアーサーとグィネヴィアの結婚式はこの場所で行われたといいます。

アーサー王とグィネヴィアの結婚式の様子。19世紀イギリスの画家、スピード・ランスロット画。

「円卓の騎士」の円卓が見られる!

グレート・ホールには直径5.5m、重さ1200kgという、巨大な「円卓」が飾られています。写真のとおり非常にみごとな逸品で、アーサー王物語を作った作家も含めて、イギリスの人々は長年にわたり「この円卓はアーサー王が実際に使っていたもの」と信じていました。

ですが現代に行われた調査及び研究報告によると、この円卓は14世紀にイングランド王エドワード2世が作らせたものである可能性が高く、また彩色は16世紀のイングランド王ヘンリー3世の命令によるものだそうです。

ウィンチェスター・グレート・ホール内部に飾られている円卓。撮影：Kartunun

ほう、この円卓、円卓の騎士の名前が24人も書かれておるのか。……む? なにやら覚えのない騎士の名前も書いてあるのう……こんな名前は144ページの「円卓の騎士一覧」にもなかったぞい。どこの作品の騎士じゃ?

ウェールズ
伝説の生まれた地

ウェールズは、史実の「アーサー」が生まれ、活躍した場所だと考えられています。そのため古い伝承が数多く残されています。

> 『ブリタニア列王史』で新しい形にまとめられる前から、ウェールズ地方にはアーサー様の伝説がたくさんあったんですよ。
> ぜひぜひ伝統ある"聖地"をのぞいてみましょう♪

アーサー王の巨人退治
スノードン山

人間の王のヒゲを欲しがり、ほうぼうで殺し回っていた巨人をアーサー王が退治し、この山の頂上に埋め、その上に石を置いたといいます。

撮影：Gdr

エクスカリバーが投げ込まれた
スリン・オグウェン湖

アーサー王の命を受けた円卓の騎士によって、エクスカリバーが投げ入れられた、とされている湖のひとつです。

"アーサー王の墓石"のありか
ケヴン＝ブリン

ウェールズに複数ある、アーサー王が眠るとされる場所のひとつです。初期の伝説によれば、アーサーが投げたとされる石のひとつでもあります。

撮影：Hywel Williams

魔術師マーリン終焉の地
バードジー島

魔術師マーリンが住んでいた島とされています。1000年前から変わらぬ品種、同じ味の「バードジーリンゴ」が名産品です。

> ウェールズには"アーサー王が投げた石"と伝えられている巨石が何十個もありますよ。
> ウェールズ人のみなさんにとって、アーサー様がとっても身近な英雄だったということがよくわかりますね♪

ブルターニュ地方
～異界への入り口～

ブルターニュ地方

異世界や湖の乙女、魔法、大陸沈没などの「超常的な伝承」が数多く残る、神秘あふれる森の国。それがブルターニュです。

> 現代風に言うと「パワースポット」とでも言いますかの。
> ブルターニュ地方には、神秘的な逸話を持つ史跡が非常に多いのです。
> そういえばランスロット卿はこの地域で育ったそうですな。

トリスタンの故郷?
サン=ポル=ド=レオン地方

トリスタンの故郷であるリオネス国の所在地は、157ページで紹介したランズエンド岬の果てではなく、ここだとする説があります。

撮影：Patrick de Labarthe

ランスロットの故郷
ブロセリアンドの森（パンポンの森）

幼少のランスロットは、この森にある湖の底で育てられました。湖の前には、湖の乙女が住んだという城もあります。

撮影：Raphodon

魔術師マーリンゆかりの
バラントンの泉

マーリンと湖の乙女ニミュエが出会った場所です。この泉の水には水虫、狂気、女性の恋に効く魔法の力が含まれているそうです。

撮影：Raphodon

マルク王の別荘地
トリスタン島

干潮時は徒歩で上陸可能な小島です。マルク王の別荘地で、島の名前は家臣トリスタンにちなんでつけたという説があります。

なんと、恋煩いに効く魔法の泉とな？ マーリンのやつ、なんでワシにこの泉のことを教えなかったんじゃ!? グィネヴィアのやつに飲ませれば、あやつの色ボケも解消できたかもしれんのに！

もっとたくさん知りたい人へ！「アーサー王」必見作ガイド

ヴィヴィアンよ、ワシの活躍をもっと楽しみたいのなら、本や「映画」とやらを見るのがよいと言っておったな。ワシもまったく同感じゃ。どの作品がいちばん良かったか、おたがいに持ち寄って推薦しようではないか！

大変よい趣向だと思います♪
それではキャリバーンさん、わたくしたちもオススメの作品を1本ずつ持ってきましょう。オススメ作品のいいところをたくさん教えてくださいね！

キャリバーンのオススメ！
アーサー王物語

DATA
全5巻
出版社：筑摩書房
著：トマス・マロリー　訳：井村君江
定価：¥2,800～3,000（税抜）／巻

アーサー様には、アーサー王伝説の完成形は『アーサー王の死』という作品だということを常々ご説明してまいりましたな。この《アーサー王物語》は、「トマス・マロリー」が書いた『アーサー王の死』を、彼の友人である印刷業者キャクストンが印刷した「キャクストン版『アーサー王の死』」、すなわちマロリーが書いたそのままの文章で、全文を掲載した本でございます。

日本語への翻訳は、イギリス文化研究の第一人者で、妖精研究の世界的権威でもある井村君江博士です。非常に読みやすく、わくわくする文体ですので、誰にでもお勧めできますな。本物の『アーサー王の死』を知りたければ、絶対に読むべきでしょう。

ヴィヴィアンのオススメ！
エクスカリバー (1981年)

DATA
監督：ジョン・ブアマン
DVD ¥1,429（税抜）
発売・販売元：ワーナー・ブラザース ホームエンターテイメント

お話を手軽に楽しみたいなら、2時間で終わる映画がいいですね！ ただ、アーサー王伝説の映画は、設定を「変化球」にした作品が多いんです。そんななかでこの「エクスカリバー」は、伝説の大事なエピソードをたくさん盛り込んだ「直球」の作品ですから、アーサー王伝説にはじめて触れる方におすすめです。特に円卓の騎士のみなさんの戦いぶりがすごいのですよ、「重厚感ある戦い」と言うのでしょうか？
ちなみに同じ題名の映画がいくつかありますから、「ジョン・ブアマン」という監督さんのお名前と、公開時期で区別してくださいね。

アーサー王のオススメ！
モンティ・パイソン・アンド・ホーリーグレイル

DATA
監督：テリー・ジョーンズ／テリー・ギリアム
Blu-ray ¥2,381（税抜）
発売・販売元：ソニー・ピクチャーズ エンタテインメント

娯楽というのは楽しんでナンボだとワシは思うぞ。というわけでワシのオススメはこれじゃ。モンティ・パイソンというのは、イギリス人なら誰でも知っとる「インテリのくせに、映像を使ってマジメにギャグをやる」連中だそうでな、この作品ではワシらの聖杯探索をパロディして、90分間笑わせて続けてくれる。しかもいちいち時代考証が正確で芸が細かいんじゃ。イギリスじゃこれを「もっともすぐれた"アーサー王伝説"の映像化作品」と呼ぶ者もおるという話じゃぞ。

アーサー王の昇天

……ひとまずここまでといたしましょう。アーサー様の活躍ぶり、全部とはいきませんが大事なところをご紹介させていただきました。アーサー様もお疲れ様でした。

しかしワシが覚えておったこと以上に、若いころのワシはとんでもない業績をあげておったし、後の時代の人間たちも、それを語り継いでおったんじゃな。やはりワシは、世界に名高い偉大な王だったんじゃ。

アーサー様が自信を取り戻したようで何よりです。これでまわりを気にせず……
(アーサー王の体が光り始める)
あっ!? アーサー様、お体が光っていますよ!

……そうか、いまならわかるぞ。ワシがアヴァロンにとどまり天国に行けなかったのは、自分の過去に、イマイチ自信が持てていなかったせいだったんじゃのう。いまこそワシも神の元へゆこう。達者で暮らせよ、ふたりとも!

シュワァァァァ……

行ってしまわれましたな、ヴィヴィアン殿。
アーサー様に救いがおとずれたことは喜ぶべきなのでしょう。

ええ、そうですね。
これからは私たちが、アーサー様の偉大さをみんなに伝えていきましょう。
大丈夫、こんな面白い伝説、誰でも続きをせがむはずですもの♪

萌える! アーサー王と円卓の騎士事典 これでおしまい!

イラストレーター紹介

この本では、あわせて46人のイラストレーター様に、アーサー様と円卓の騎士の皆様を描いていただきました。
ご協力いただいたみなさまを紹介させてくださいませ！

---

yaman**
●表紙

今回表紙を担当させていただきました、yaman**です。女性のアーサー王を描かせていただきました。世に多数ある女性アーサー王とはまた違ったイメージを表現することが大変でしたがとても楽しかったです。自分のイメージするアーサー王が読者の方のお気に召していただければ幸いです。

pixiv ページ
https://www.pixiv.net/member.php?id=3043057

C-SHOW
●案内キャラクター、コミック
●ダゴネット(p47)

神聖武器事典で描いたヴィヴィアンたちをまた描けて嬉しかったです。アーサーがどうやって成仏したのか、まだ知らないので楽しみにしています。

おたべや
http://www.otabeya.com/

とんぷう
●扉絵

チビキャラカット数点担当させていただきました。
アーサー王伝説と聞くと真っ先に『モンティパイソン』が頭に浮かぶ人です。
今件の話が来て思わず見返してしまいました。

ROCKET FACTORY
http://rocketfactory.jpn.org/

じょぶじゅん。
●ガウェイン(p25)

筋肉質で三白眼な女の子が好きです。
僕のイラストを見てくださる皆様はもっと好きです。

pixiv ページ
https://pixiv.me/jovejun

サクマ伺貴
- ガレス(p29)

ガレスのイラストを担当させていただきました。厨房で働いていたという設定から、騎士の衣装にコックの要素を組み合わせてデザインしました。
厨房に立ち寄ってこっそり葡萄をつまみ食い…というシチュエーションです。よく見ると正面の白いエプロンが透けて…！？

pixiv ページ
https://pixiv.me/nananananananahushi1109

甘塩コメコ
- グリフレット (p33)

負傷のエピソードが多かったので、眼帯＋包帯キャラにしました。
別れのシーンの切ない雰囲気を目指してみました。
制作に参加させていただき、ありがとうございます！

イスどんぶり
http://isudon.sakura.ne.jp/

Emanon123
- ケイ(p35)

ケイを担当致しましたEmanon123です。
かっちょいい皮肉屋なお姉さんです。
照れさせたら可愛いと思います。
タイツを履かせても似合いそうですね。

じんせい
http://emanon123.blog33.fc2.com/

けいじえい
- サグラモアー (p37)

けいじえいと申します。サグラモアーを担当させて頂きました。今回は勇敢で怒りっぽいキャラが戦闘後空腹でへばっているというシーンを描き文字無しで表現するのがテーマだったのでなかなかに苦戦してしまいました。パッと見でわかっていただけたらいいなぁ。

pixiv ページ
http://www.pixiv.net/member.php?id=5021528

憂目さと
- モードレッド (p41)

初めまして、憂目さとと申します！今回モードレッドを描かせていただきました。裏切りの騎士というモチーフは描いていてとても面白かったです。
目つき悪い女の子を描く機会も少ないので、とても楽しかったです！」

UKIMESATO
http://siisasiis.wixsite.com/ukimesato

キヨイチ
- ルーカン(p43)

キヨイチと申します。
ルーカンを描かせて頂きました。『献酌侍臣』というワインを注ぐ係だそうですが字面がカッコイイですよね。ワインが好きなのでそれにまつわるイラストが描けて嬉しいです。
自分もワインが飲みたくなりました。

pixiv ページ
https://pixiv.me/kiyoichi

羽賀ソウケン
●メリアガーント
(p49)

今回お声がけしていただいて本当に嬉しく、そして本当に楽しく制作させていただきました　ありがとうございました。
メリアガーントの力強さを感じていただけれれば幸いです。

エスケプ
https://skpu.wordpress.com/

濱田ぽちを
●コンスタンティン
(p51)

酔っぱらい卓を見ながら描きました。

pixiv ページ
https://pixiv.me/user_zdxg7375

ぽしー
●ランスロット
(p55)

ランスロットのイラストを担当させて頂きました、ぽしーと申します。グィネヴィアとの逢瀬のシーンということで、構図に悩んだ一枚です。
伝説ではランスロットは男性ですが今回は女性として描いておりますので、伝説とはまた違った恋愛模様も想像して楽しんで頂ければ幸いです。

bloom planet
http://bloomplanet.blog.fc2.com/

みかん。
●ライオネル
(p59)

今回ライオネルを担当しました。女騎士×拘束はやっぱり描いていて楽しいものですね。女騎士×拘束は大変いい文化ですね。

pixiv ページ
https://www.pixiv.net/member.php?id=2154778

クロブチぬまま
●パロミデス(p63)

クロブチぬままと申します。2回目の萌える！辞典参加でございます。今回はパロミデスを担当させていただきました。
ミステリアスな褐色美女を目指し雰囲気を重視して描きました。どうぞよろしくお願いいたします。

pixiv ページ
https://www.pixiv.net/member.php?id=74514

あみみ
●アリー(p65)

傷が癒される正統派騎士ということで、清純派っぽい女の子にしてみました。ぶわーって癒されてる所、に見えるといいなあ。お腹を見せているのは、体に傷があるからで、他意はないのです。…ないのです。

えむでん
http://mden.blog32.fc2.com/

167

チーコ
● エクター(p69)

エクター卿を描かせていただいた、チーコです。
今回はちょっとコミカルな感じにアレンジさせてもらいました。本人は厳格な騎士だったそうですが、赤ん坊の可愛さには敵わなかったようです。
赤ん坊とはいえさすがアーサーですね。

pixiv ページ
https://www.pixiv.net/member.php?id=21101

河内やまと
● ペリノー王(p71)

ペリノー王担当の河内やまとです。
今回題材が正統派ファンタジーということで、デザイン等に悩まず楽しく描かせて頂きました。
要素も盛り込みすぎないようにしてみましたが、いつのまにか獣耳でございました。

んこみみ
http://kawachiyamato.tumblr.com/

六角連火
● マーハウス(p75)

マーハウス卿を担当させて頂きました、六角と申します。かなり変則的な感じを狙ってみたのですが、いかがでしたでしょうか。物語の中では悪役に近い人ですが、それも背負うモノの大きな立場故と、どうか愛着を持って頂けるような仕上がりになっていましたら幸いです。

pixiv ページ
https://www.pixiv.net/member.php?id=52645

鈴穂ほたる
● ラ・コート・マル・タイユ(p77)

ラ・コート・マル・タイユ（ブルーノ）を描かせて頂きました。鈴穂ほたるです。
小さい娘が大きな何かを身に着けているというのが好きなので描いていてとても楽しかったです。
参加させて頂きありがとうございました！

pixiv ページ
https://www.pixiv.net/member.php?id=11486018

もざいく
● ディナダン(p79)

騎士だけど、戦うのが得意じゃない話し上手なディナダンを一枚絵で表現するのが難しかったです。
しかしとっても楽しんで描かせて頂きました！ …
イラストのお仕事下さい！

少年通信
http://moza.boy.jp/

ヤマギシチヒロ
● ベイリン・ル・サヴァーシュ(p81)

ベイリン・ル・サヴァーシュを担当させていただきました。ワイルドな風貌の中にも、色気や萌えポイントを見つけていただけると嬉しいです！ 下乳下乳ィ！

PECHKA
http://yyyyy-chihiro.tumblr.com/

天領寺セナ
●ガラハッド(p83)

初めましてこんにちは！天領寺セナと申します。今回は「ガラハッド」という有名な人物を担当させて頂きました。キャラクターデザイン、構図共にかなり悩んでしまいましたが納得できる一枚になりました。聖杯伝説は深いですね…！

Rosy liliy
https://www.lilium1029.com/

一八〇〇
●パーシヴァル(p85)

パーシヴァルのイラストを描かせていただきました。一八〇〇です。普段あまり描かないイメージのキャラクターでしたので悩みましたが、自由にデザインさせていただき、楽しかったです。ベージュ系の髪色っていいですよね。

一八番車両基地
http://railyard-no1800.tumblr.com/

浜田遊歩
●ラモラック(p87)

再び萌える！事典にてイラスト描かせていただき大変光栄です。円卓の騎士の一人ラモラックと恋仲のマーゴースを描かせていただきました。情交結ぶ夜の襲撃、エロい悲劇です。思った以上に視線誘導ができたでしょうか。

FOSSIL ANTIQUE.com
http://fossil-antique.com/

皐月メイ
●ユーウェイン(p89)

こんにちは皐月メイです。ユーウェインを描かせていただきました。
獅子の背中に乗り、颯爽と駆け抜けるイメージで描写してみました。こんな凛々しい子ですが、普段はこの大きな獅子とじゃれたりしてるのかなーって考えると、非常に愛らしく思えてしまいました。

pixivページ
https://www.pixiv.net/member.php?id=381843

塩街
●アイアンサイド(p91)

アイアンサイド担当させていただきました塩街です。元々は円卓の騎士を敵視していたとのことで、少し影ある印象で描いてみました。どうやって鎧を赤くしたのかがとても気になります。もしかして赤い国はアジア系の国なんでしょうか…？

Malus
http://malus.mond.jp/

イトネコウタ
●アコーロン(p93)

やったー！　百合だー！と思いながら楽しく描かせて頂きました。
小悪魔系モルガンちゃんをエクスカリバーガードで守る堅物騎士のアコーロンさんですが、下半身に隙がありそうなので下から狙えば勝てそうです。

pixivページ
https://www.pixiv.net/member.php?id=2856718

あげきち
●ペレアス(p95)

はじめまして、あげきちと申します。今回は湖の乙女に愛された騎士、ペレアスを描かせていただきました。気に入っていただけましたらうれしいです。

heatsshape
http://heartshape.wixsite.com/heartshape7

らすけ
●ボードウィン(p97)

今回はボードウィン卿を担当させていただきました！　医者×騎士を目指して、なおかつ堅苦し過ぎないようにデザインしたつもりです。背中の剣はメスをモチーフにしました。持たせた包帯で胸元が少し隠れてしまうのでその分お腹周りに特に力を入れて塗り込みました。

Raison d'etre
https://rathke-high-translunary-dreams.jimdo.com/

唯臣
●エピノグラス(p99)

エピノグラスのイラストを担当させて頂きました、唯臣と申します。かなり好きな感じに描かせて頂けたのでとても楽しかったです。頭のリボンと花柄の刺繍部分がお気に入りです！　愛をイメージして目の中はハートなのですがお気づきになられたでしょうか…。

pixiv ページ
https://pixiv.me/tadaomi0

乃木Lief
●ベルシラック(p103)

乃木Liefと申します!!　ベルシラックについて調べていくうちに浮かんできた、無邪気でボーイッシュなイメージで今回描かせていただきました。フェチ要素も色々盛り込めたので描いててとても楽しかったです。かわいいは正義。

-Lief's box-
http://lief0123.tumblr.com/

星乃だーつ
●ロット王(p105)

星乃だーつです。個人サイトでもモンスター図鑑を運営しています。
イラストはゲーム製作などに使えるフリー素材として公開していて、多くのゲームアプリなどでご利用いただいています。
よかったら一度おいでください。

グーテンベルグの娘
http://darts.kirara.st/

ぬえびーむ
●エヴァデアン(p107)

エヴァデアンを担当させて頂きました、ぬえびーむです。予てより「萌える！事典シリーズ」に参加したいと考えていたのでとても光栄です。
今回担当させて頂いたエヴァデアンは自分の得意分野のキャラクターとして表現できそうだったのでデザインがとても楽しかったです。

pixiv ページ
https://www.pixiv.net/#id=2625412

べべべ
● ランヴァル (p109)

今回ランヴァルのイラストを担当させていただきました、べべべと申します。肌色が…肌色が描きたかったんです…あとぴっちり…。このような素敵な企画に参加させて頂きありがとうございました!!

pixiv ページ
https://pixiv.me/manabe0511

inoshishi
● キルッフ (p111)

キルッフを描かせて頂きました inoshishi です!
キルッフはあまり馴染みのない騎士だったのですが、調べてみると…名前の由来は「豚の囲い」。そのうえオルウェンを娶るための課題には、イノシシに関わるものがいっぱい。こ、これはまさか編集者さんの粋な計らいでは…!? ブ、ブヒー!

pixiv ページ
http://www.pixiv.net/member.php?id=1303816

湖湘七巳
● モノクロカット

カットイラストをいくつか描かせていただきました、湖湘七巳と申します。
アーサー王の物語では、マーリン推しです。

極楽浄土彼岸へ遙こそ
http://shichimi.la.coocan.jp/

この本を製作した
スタッフを紹介します。

うむ、大儀であった!

萌える! アーサー王と円卓の騎士事典 staff

著者	TEAS 事務所
監修	寺田とものり
テキスト	岩田和義 (TEAS 事務所)
	岩下宜史 (TEAS 事務所)
	たけしな竜美
	内田保孝
	村岡修子
	鷹海和秀
協力	當山寛人
本文デザイン	神田美智子
カバーデザイン	筑城理江子

しかけなぎ
- カラーカット
- モノクロカット

SUGAR CUBE DOLL
http://www2u.biglobe.ne.jp/~nagi-s/

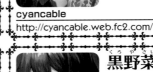

松田トキ
- アーサー王(p19)

cyancable
http://cyancable.web.fc2.com/

御園れいじ
- アグラヴェイン (p27)

Grazie!!!
http://algirl.vni.jp/

黒野菜
- ガヘリス(p31)

pixiv ページ
https://www.pixiv.net/member.php?id=8024519

潮音
- ベディヴィア (p39)

Raison d'etre
http://sssub.jimdo.com/

れんた
- ガレロン(p45)

既視感
http://detectiver.com/

kirero
- ボース(p57)

Kiroror0
http://kiroori.tumblr.com/

タカツキイチ
- エクター・ド・マリス(p61)

ITIBOSI
http://takatukiiti.tumblr.com/

アーサー様、
こちらをご覧ください。
http://www.studio-teas.co.jp/
https://twitter.com/studioTEAS
この本を作った方々が、
ホームページやツイッターを
運営されているそうですよ。

あまな
- トリスタン(p73)

pocketkey
http://amana00000.tumblr.com/

ほう、本の中身について
いろいろ知れるのはもちろん、
日々のよもやま話も
書いておるようじゃな。
ひとつ読んでみるとしようかの。

■主要参考資料

『The Arthurian Name Dictionary (Garland Reference Library of the Humanities)』Christopher W. Bruce 編（Routledge）

『The Dwarfs of Arthurian Romance and Celtic Tradition』Vernon J Harward 著（E.J. Brill）

『The New Arthurian Encyclopedia: New Edition』Norris J. Lacy、Geoffrey Ashe、他3名 編（Routledge）

『アーサー王 その歴史と伝説』リチャード・バーバー 著／高宮利行 訳（東京書籍）

『アーサー王伝説紀行 神秘の城を求めて』加藤恭子 著（中央公論社）

『アーサー王伝説』アンヌ・ベルトゥ 著／松村剛 監修（創元社）

『アーサー王伝説の起源 スキタイからキャメロットへ』C・スコット・リトルトン、リンダ・A・マルカー 著／辺見葉子、吉田瑞穂 訳／吉田敦彦 解説（青土社）

『アーサー王と中世騎士団』ジョン・マシューズ 著／本村凌二 監修（原書房）

『アーサー王の死 トマス・マロリーの作品構造と文体』四宮満 著（法政大学出版局）

『アーサー王物語1～5巻』トマス・マロリー 著／井村君江 訳（筑摩書房）

『アーサー王物語 イングランドの英雄と円卓の騎士団』井村君江 著（筑摩書房）

『アーサー王伝説 7つの絵物語』ロザリンド・ガーヴェン 著／山本史郎 訳（原書房）

『アーサー王物語日誌 冒険とロマンスの365日』ジョン＆ケイトリン・マシュウズ 編／中野節子 訳（東京書林）

『アーサー王ロマンス』井村君江 著（筑摩書房）

『イングランドの神話伝説 (世界神話伝説大系38)』中島孤島 編（名著普及会）

『騎士道の夢・死の日常 中世の秋を読む』堀越孝一 著（人文書院）

『奇跡の少女ジャンヌ・ダルク』レジーヌ・ペルヌー 著／遠藤ゆかり 訳／塚本哲也 監修（創元社）

『狂えるオルランド 上下』アリオスト 著／脇功 訳（名古屋大学出版会）

『ケルト神話』プロインシァス・マッカーナ 著／松田幸雄 訳（青土社）

『ケルト神話と中世騎士物語「他界」への旅と冒険』田中仁彦 著（中央公論社）

『ケルトの神話 女神と英雄と妖精と』井村君江 著（筑摩書房）

『ケルト文化事典』ジャン・マルカル 著／金光仁三郎、渡邉浩司 訳（大修館書店）

『ケルト歴史地図』ジョン・ヘイウッド 著／井村君江 監訳／倉島雅人 訳（東京書籍）

『コーンウォール 妖精とアーサー王伝説の国』井村君江 著（東京書籍）

『サー・ガウェインと緑の騎士 トールキンのアーサー王物語』J.R.R. トールキン 著／山本史郎 訳（原書房）

『ジャンヌ・ダルクの実像』レジーヌ・ペルヌー 著／高山一彦 訳（白水社）

『十字軍の思想』山内進 著（筑摩書房）

『《新訳》アーサー王物語』トマス・ブルフィンチ 著／大久保博 訳（角川文庫）

『図説アーサー王伝説事典』ローナン・コグラン 著／山本史郎 訳（原書房）

『図説アーサー王伝説物語』デイヴィッド・デイ 著／山本史郎 訳（原書房）

『図説アーサー王の世界』ディヴィッド・デイ 著／山本史郎 訳（原書房）

『図説アーサー王百科』クリストファー・スナイダー 著／山本史郎 訳（原書房）

『図説アーサー王物語』アンドレア・ホプキンズ 著／山本史郎 訳（原書房）

『図説スコットランドの歴史』リチャード・キレーン 著／岩井淳、井藤早織 訳（彩流社）

『世界女神大事典』松村一男、森雅子、沖田瑞穂 編（原書房）

『中世騎士の時代』アシール・リュシェール、アルベール・ル・ノルデ 著／木村尚三郎 訳（あかね書房）

『中世騎士物語』ブルフィンチ 作／野上弥生子 訳（岩波書店）

『中世への旅 都市と庶民』ハインリヒ・プレティヒャ 著／関楠生 訳（白水社）

『中世への旅 騎士と城』ハインリヒ・プレティヒャ 著／平尾浩三 訳（白水社）

『トリスタン・イズー物語』ベディエ 編／佐藤輝夫 訳（岩波書店）

『ニーベルンゲンの歌 前後編』相良守峯 訳（岩波書店）

『ニーベルンゲンの指環3 ジークフリート』リヒャルト・ワーグナー 作／高橋康也 訳（新書館）

『馬上槍試合の騎士 トーナメントの変遷』クリストファー・グラヴェット 著／須田武郎 訳（新紀元社）

『パルチヴァール』ヴォルフラム・フォン・エッシェンバハ 著／加倉井粛之、伊東泰治、小栗友一、馬場勝弥 訳（郁文堂）

『ハルトマン作品集（中世ドイツ文学叢書4）』ハルトマン・フォン・アウエ 著／平尾浩三、相良守峯、中島悠爾、リンケ珠子 訳（郁文堂）

『フランス「ケルト」紀行 ブルターニュを歩く』武部好伸 著（彩流社）

『フランス中世文学集1 信仰と愛と』新倉俊一、天沢退二郎、神沢栄三 訳（白水社）

『フランス中世文学集2 愛と剣と』新倉俊一、天沢退二郎、神沢栄三 訳（白水社）

『フランス中世文学集4 奇談と愛と』新倉俊一、天沢退二郎、神沢栄三 訳（白水社）

『ブリタニア列王史』ジェフリー・オヴ・モンマス 著／瀬谷幸男 訳（南雲堂フェニックス）

『マビノギオン 中世ウェールズ幻想物語集』中野節子 訳／徳岡久生 協力（JULA出版局）

『湖の騎士ランツェレト』ウルリヒ・フォン・ツァツィクホーフェン 著／平尾浩三 訳（同学社）

『妖精学入門』井村君江 著（講談社）

『妖精学大全』井村君江 著（東京書籍）

『ワイド版 中世騎士物語』ブルフィンチ 作／野上弥生子 訳（岩波書店）

●参考映像作品

『モンティ・パイソン・アンド・ホーリー・グレイル』

『エクスカリバー（1981年）』

●ウェブサイト、論文など

『Free ebooks by Project Gutenberg』

『YouTube 公式チャンネル「Monty Python」』

『The Adventure of Arthur at the Tarn Wadling』

『シェイクスピア劇の宮廷со化「無」の表象と近代主体 石塚倫子（東京家政大学研究紀要 第44集 (1)』

『The Last Tournament』

『Chalice Well TRUST』

■アーサー王と円卓の騎士索引

項目名	分類	ページ数
アーサー王	人物	10,11,13-14,17,18,21-24,26,28,32,34,36,38,40,42,44,46,48,50,53,54,56,58,60,64,68,70,72,76,78,80,82,86,88,92,96,101,102,104,106,108,110,112-114,117,118,120-125,127,129-131,133-136,148,149,151,153,154,156-160
『アーサー王の死』	詩・伝承・古典	15,18,21,24,26,28,30,32,34,38,40,42,48,50,54,58,62,64,66,72,74,76,80,82,84,88,90,94,96,100,101,104,106,108,110,112,116,125,127-129,132,134,142-144,148,149,154,155,159
アーサー王の伝説	詩・伝承・古典	11,148,151,154,156
アーサー王の墓	地域・場所・建物	125,158
『アーサー王のワザリング遊での冒険』	詩・伝承・古典	44
『アーサー王物語』	論文・研究書	162
アーノルド	人物	144
アイアンサイド(赤の騎士)	人物	28,90,144
アイルランド	地域・場所・建物	74,90,103,156
アヴァロン	地域・場所・建物	32,40,108,117,124,125,141,142,156-158
『アエネイス』	詩・伝承・古典	151
赤い十字の入った(呪いの)白い盾	アイテム	112,136
アグラヴェイン	人物	26,30,78,104,139,144
アグロヴァル	人物	144
アコーロン	人物	92,144
アスタモアー	人物	144
アリー	人物	36,64,123,144,145
アリーの治療	用語	36,78,144-146
アリマタヤのヨセフ	神・超常存在	112,136,137,158
アルスル	人物	110
アルフェイオス	人物	64
アレクサンダー	人物	144
アロンダイト	アイテム	112,129
『イヴァンまたは獅子の騎士』	詩・伝承・古典	88
イグレイン	人物	48,118,157
石に刺さった剣	アイテム	10,14,34,119,135
イスパザデン	人物	110
イゾルデ	人物	62,72,74,78,86,132,133
イングランド	地域・場所・建物	50,88,118-120,125,132,145,149-151,157,158
隠者	用語	38,50,58,84,96,145,146
ヴィヴィアン	人物	128,142
ヴィラーズ	人物	144
ウィンチェスター城	地域・場所・建物	157,159
ウェールズ	地域・場所・建物	34,38,74,98,110,119,120,141,149,151,154,156,160
唸る野獣	怪物	70
ウリエン王	人物	88,92
ウルフィアス	人物	144
エヴァデアン	人物	106
エクスカリバー	アイテム	18,32,38,70,92,112,120,122,124,139,142-144,146,160
『エクスカリバー』	創作作品	163
エクター	人物	14,34,60,68,96,118,119
エクター・ド・マリス	人物	58,60,123,144
エグラム	人物	144
エタード	人物	94
エピノグラス	人物	98,144
エリザベス	人物	132
エレイン	人物	130,134
円卓	アイテム	12,24,26,60,62,64,74,78,82,121,126,133,135,136,138,159

円卓内戦	用語	21,22,36,54,56,62,64,67,117,122,123,144,146
円卓の騎士	用語	10-14,18,20,22,26,28,34,36,44,50,53,54,58,60,62,64,67,70,72,74,76,78,82,86,90,92,98,101,102,104,106,108,110,114,117,121,122,126-129,133-138,141,144-146,154,159,160
オークニー諸島	地域・場所・建物	104,138
オザナル・キュール・アルディ	人物	144
乙女の剣(ベイリンの破滅の剣)	アイテム	80,82,112
オルウェン	人物	110
オンツレイク	人物	144
カースサリン	人物	144
カイヌス・ル・ストラング	人物	144
ガウェイン	人物	24,26,28,30,44,56,58,64,70,74,86,88,90,94,102,104,106,110,112,122-124,127,137-139,144,146
カドワラドルス王の伝説	詩・伝承・古典	151
ガバランティン	人物	144
ガヘリス	人物	30,64,104,144
カムランの戦い	用語	124
ガラガース	人物	144
ガラティン	アイテム	24,112,139
ガラハッド	人物	14,56,80,82,84,100,112,127,134-137,143,144,145
ガリア	地域・場所・建物	58,92
ガリハッド	人物	144
ガリホディン	人物	144
ガレス	人物	28,30,64,76,86,90,104,144,146
ガレロン	人物	44,144
ガングラン	人物	36
カンタベリー	地域・場所・建物	50
騎士道	用語	20,26,30,48,52,58,62,66,70,86,96,98,128,138,149,152
騎士文学	用語	153
危難の席	アイテム	82,135
キャメロット	地域・場所・建物	42,159
宮廷道化師	用語	46,145
宮廷恋愛(ミンネ)	用語	20
巨人	怪物	18,36,38,74,102,110,120,121,129,145,157,160
キリスト教	詩・伝承・古典	10,11,20,36,44,62,100,133-135,137,143,145,152
キルッフ	人物	110
『キルッフとオルウェン』	詩・伝承・古典	38,110,149
ギルメア	人物	144
ギンガリン	人物	144
グィネヴィア	人物	22,24,26,28,30,32,40,44,48,54,56,66,108,117,121-123,130,134,141,144-146,154,159
グラストンベリー	地域・場所・建物	125,157,158
クララス	人物	144
グリフレット	人物	32,38,144
グレート・ホール	地域・場所・建物	159
クレギス	人物	144
黒い盾の冒険	用語	76,146
グロモー・ソーム・エリオー	人物	145
ケイ	人物	28,34,36,68,76,110,129,145
ケヴン=プリン	地域・場所・建物	160
決闘裁判	用語	44,48,66
ゴーター	人物	145
コーンウォール	地域・場所・建物	46,74,118,132,156,157
5月の花摘み	用語	48,54,144-146
コルグレヴァンス	人物	58,145
コンスタンティン	人物	50,145
『サー・ガウェインと緑の騎士』	詩・伝承・古典	102
サグラモアー	人物	36,145

サドック	人物	145
サフィア	人物	145
鞘	アイテム	80,82,92,112,120,122, 135,142
サラス	地域・場所・建物	82,137
サラセン人	用語	62,145
サン=ポル=ド=レオン地方	地域・場所・建物	161
『散文のトリスタン』	詩・伝承・古典	72,132
ジェフリー・オブ・モンマス	人物	150
十字軍	用語	152,153
神判	用語	66
スノードン山	地域・場所・建物	160
スリン・ビ・オグウェン湖	地域・場所・建物	160
聖(なる)遺物	用語	10,11,14,80,100,134,136, 143
聖杯	アイテム	10,14,56,58,60,78,80,82, 84,100,112,131,134-137, 143-146,158
聖杯探索	用語	14,36,56,58,80,84,100, 131,136,154
聖杯の剣	アイテム	112
聖マイケル(モン・サン・ミシェル)の山	地域・場所・建物	38,157
セグワリデス	人物	145
セリシズ	人物	145
選定の剣	アイテム	68,112,119
ダゴネット	人物	46,145
ダビデ王の剣	アイテム	112
ダマス	人物	145
チャリス・ウェル	地域・場所・建物	158
ディナス	人物	145
ディナダン	人物	78,98,144-145
ティンタジェル公	人物	118
ティンタジェル城	地域・場所・建物	156
トー	人物	145
ドディナス・ル・ソヴァージュ	人物	145
トマス・マロリー	人物	24,50,72,76,78,84,90,96, 106,154,155,159,162
ドリアント	人物	145
トリスタン	人物	14,44,46,62,72,74,78,86, 98,127,132,133,144-146, 157,161
トリスタンとイゾルデ	詩・伝承・古典	72,74
トリスタン島	地域・場所・建物	161
トルコ人	用語	50,60,145,146
ニミュエ	神・超常存在	94,140,142,146,161
ネロヴェース・ド・ライル	人物	145
バーサント	人物	145
パーシヴァル	人物	14,36,56,60,82,84,110, 136,137,145
バードジー島	地域・場所・建物	160
バートレープ	人物	145
ハーマインド	人物	145
馬上槍試合	用語	38,42,44,46,52,64,74, 138
バラントンの泉	地域・場所・建物	161
『パルチヴァール』	詩・伝承・古典	84
パロミデス	人物	44,46,62,70,72,78,98, 123,132,133,144,145
バン王	人物	120,128
『ハンプトンのビーヴィス卿』	詩・伝承・古典	112
ヒービス・ル・ルノーム	人物	145
ファーガス	人物	145
フィレロリー	人物	64
武勲詩	用語	153
ブライウェン	アイテム	18
ブラシァス	人物	145
ブラモール・ド・ゲイネス	人物	145
ブランディリス	人物	145
プリアマス	人物	145
『ブリタニア列王史』	詩・伝承・古典	34,40,50,56,104,138, 143,149-150
ブリテン島	地域・場所・建物	10,11,17,18,26,40,80,90, 98,100,104,110,117-121, 124,148,150,151,154,
ブリテン島平定戦	用語	144-146
ブルターニュ	地域・場所・建物	128,132,156,161

ブレオベリス・ド・ゲイネス	人物	145
プレノリアス	人物	146
フローレンス	人物	146
プロセリアンドの森(バンボンの森)	地域・場所・建物	161
ベイリヴ・ル・サヴァーシュ	人物	80,143
ベディヴィア	人物	32,38,42,50,123,124,146
ベティベイス	人物	146
ベラム王(漁夫王)	人物	80,100,136,137,143
ベリーモンズ	人物	146
ベリノー王	人物	14,30,70,84,86,104,112, 120,138,144,146
ベリンガー・ル・オーグラス	人物	146
ベリンガー・ル・ビューズ	人物	146
ベルシラック(緑の騎士)	人物	102
『ベルスヴァルまたは聖杯の物語』	詩・伝承・古典	84
ベレアス	人物	94,146
ペンドラゴン	用語	118,141
ペンドラゴン城	地域・場所・建物	76
ボアール・ル・クール・アルディ	人物	146
ボース	人物	14,36,58,82,84,120,123, 136,137,146
ボードウィン	人物	96,146
マーク王	人物	46,72,78,132,133,144
マーゴース	人物	30,40,86,104,144,146
マーハウス	人物	36,74,88,145,146
マーリン	人物	32,40,68,70,80,96,118, 122,140-142,144,160,161
マドール・ド・ラ・ポルト	人物	146
『マビノギオン』	詩・伝承・古典	34,38,138,149
湖の乙女	神・超常存在	32,70,92,94,112,120, 124,128,139,140,142, 146,161
メナデューク	人物	146
メリアガーント	人物	48,66,145,146
メリアス・ド・リール	人物	146
メリオダス王	人物	132
メリオット	人物	146
メリオン	人物	146
モードレッド	人物	14,22,26,30,36,38,40,42, 44,46,50,78,104,117, 122-124,131,137,139, 140,144-146,154
モルガン	人物	40,88,92,112,118,122, 142,144,146
『モンティ・パイソン・アンド・ホーリー・グレイル』	創作作品	163
ユーウェイン	人物	14,74,88,146
ユーウィン・レ・アヴォートレ	人物	146
ユーサー	人物	14,48,68,96,104,118, 119,121,140,141,144-146
ユーリエンス王	人物	146
ラ・コート・マル・タイユ	人物	46,76,146
ライオネル	人物	58,123,137,146
ラヴェイン	人物	64,146
ラヴェル	人物	146
ラディナス・オブ・フォレスト・ソヴァージュ	人物	146
ラモラック	人物	30,62,72,86,144,146
ランヴァル	人物	108
ランズエンド岬	地域・場所・建物	157,161
ランスロット	人物	14,21-24,26,28,30,32,36, 40,42,44,46,48,50,53, 54,56,58,60,62,64,66, 72,82,84,86,90,96,112, 122-124,127-131,133, 134,136,137,139-141, 144-146,161
『ランスロットまたは荷車の騎士』	詩・伝承・古典	54,128
『ランツェレト』	詩・伝承・古典	128
ルーカン	人物	38,42,123,146
ルーシャス	人物	121,143
レイア王の伝説	詩・伝承・古典	151
ローマ帝国	地域・場所・建物	117,120-122,143
ロデグランス王	人物	121
ロット王	人物	30,70,86,104,138
ロン(ロンゴミアント)	アイテム	18,124
ロンギヌスの槍	アイテム	80,100,143

萌える！アーサー王と円卓の騎士事典
2017年9月19日 初版発行

著者　　TEAS事務所
発行人　松下大介
発行所　株式会社 ホビージャパン
　〒151-0053　東京都渋谷区代々木2-15-8
　電話　　03（5304）7602（編集）
　　　　　03（5304）9112（営業）

印刷所　株式会社廣済堂

乱丁・落丁（本のページの順序の間違いや抜け落ち）は購入された店舗名を明記して当社パブリッシングサービス課までお送りください。
送料は当社負担でお取り替えいたします。
但し、古書店で購入したものについてはお取り替えできません。

禁無断転載・複製

© TEAS Jimusho 2017
Printed in Japan
ISBN978-4-7986-1523-3 C0076